매일 아침 차를 마십니다

이유진 지음

스토리닷

차
례

프롤로그   008
차를 마시며 하루를 시작하고 정리한다

겉모습으로 판단하지 않기   012
(레시피) 일반 홍차 티백 맛있게 우리는 방법

시작과 끝의 사이 - 서두르지도 말고, 멈추지도 말고   018
(인문) 차의 기원

생일, 일상 속 그 특별함   024
(레시피) 백호은침 맛있게 우리기

균형을 잡으며 살아간다는 것은   030
(레시피) 무이암차를 맛있게 우리는 방법

차곡차곡   036
(인문) 차곡차곡 페어링 추천

You are what you eat   041
(인문) 계절별 대용차 추천

세상은 넓고 차는 많다   046
(인문) 카자흐스탄의 차문화

No problem의 삶   052
(인문) 재스민차란?

알고 마시면 더 맛있다? (인문) 차란 무엇인가	057
섬세함의 끝판왕, 봉황단총 vs 사춘기 딸 (레시피) 봉황단총 맛있게 우리기	062
이 세상의 티 브랜드처럼 다채롭게 (레시피) 브랜드 홍차 맛있게 우리는 법	068
편견을 갖는다는 것은 (레시피) 중국 홍차 맛있게 우리는 방법	074
내려놓기 (레시피) 중국 녹차 맛있게 우리는 방법	079
매년 다즐링에 갑니다 (레시피) 인도 다즐링 홍차 맛있게 우리기	084
봄 여름 가을 겨울 (인문) 계절과 차	090
현실과 이상의 괴리 (레시피) 흑차를 맛있게 우리는 방법	096
아침 산책에서 만나는 자연 (레시피) 한국 녹차의 모든 것	102

대중문화와 대중의 차 108
(인문) 홍차의 나라 영국

차가 일상이 된다는 것 114
(정보) 일본 녹차의 종류

고뿔차 120
(정보) 홍차와 발효차

전생에 인도 공주 126
(정보) 인도의 차에 대하여

조건 없는 사랑 132
(레시피) 카페인이 없는 허브차 맛있게 우리는 방법

취향이란 138
(정보) 지극히 개인적인 한국차도구 취향

생각의 힘 144
(정보) 차와 관련된 고전 책

역사와 전통이 살아 숨쉬는 150
(정보) 아유르베다/대용차 브랜드 추천

풍류다실 156
(인문) 차와 함께 살아간 조선시대 문인들

| 미니멀리스트 vs 맥시멀리스트 | 162 |
| 정보) 차도구 소개 | |

향기를 듣는 잔 — 168
정보) 문향배 사용법

책, 차 그리고 삶 — 174
레시피) 한국의 떡차 우리기

초심을 지킨다는 것 — 178
레시피) 하이볼을 위한 온침 보드카

가내수공업 — 183
레시피) 콤부차 만들기

Tea도 Coffee처럼 핸드드립으로 — 188
레시피) 핸드드립으로 차 우리는 방법

아이와 차생활 18년 — 192
정보) 차와 카페인

시간을 들이는 일 — 198
정보) 차공부를 위한 책

가향차의 세계 — 203
정보) 도쿄에서 꼭 가봐야 할 일본 홍차 브랜드

낭만의 도시 파리(Paris)의 티 브랜드 208
(정보) 파리에서 꼭 가봐야 할 프랑스 티 브랜드

어우러짐의 한 잔 214
(정보) 백차 맛있게 우리는 방법

쓸모없음의 쓸모 220
(레시피) 우려내고 나온 찻잎, 엽저 활용법

라떼아트의 기원은 중국이다? 225
(인문) 중국의 차 역사

그림, 그 안에 담긴 의미 230
(정보) 중국 잔에 그려진 그림의 의미

실수와 실패가 없는 삶이란 없다 236
(인문) 도자기 복원

변하는 것과 변하지 않는 것 242
(정보) 전국 차문화 축제

마음이 전부다 248
(정보) 차의 등급

일상이 된다는 것 254
(인문) 녹차와 홍차

나에게 집중하기 259
(정보) 나만의 다회 열기

크리스탈 싱잉볼 266
(레시피) 밀크티(짜이) 만들기

차와 책 272
(정보) 유자병차 구입처

세계의 차와 미식 278
(정보) 초보자를 위한 차 구입처 추천

무한대의 가능성 284
(인문) 경덕진은 무엇인가?

차는 종합 예술이다 290
(정보) 차의 보관

프롤로그
차를 마시며 하루를 시작하고 정리한다

    큰아이를 품게 되면서 차에 대한 사랑이 본격적으로 시작되었다. 18살이 된 딸아이를 사랑해 온 만큼 차를 사랑했다. 아이들에 대한 사랑이 변함없듯, 그렇게 차에 대한 사랑도 변함없이 20년을 채워가고 있다. 여전히 아침에 눈을 뜨면 차를 함께 마시며 하루를 시작하고, 각자의 일과가 마무리되어 테이블에 모이는 늦은 오후, 또 차와 함께 하루를 정리한다.

    차 한 잔이 나의 삶에, 그리고 우리의 삶에 전해준 것이 참 많다. 차 한 잔으로 마음을 다스리는 법을 배웠고, 아이들과 소통하며 관계를 쌓아가는 법을 배웠다. 고2, 중2 두 아이의 사춘기가 없었다면 거짓말이겠지만, 차로 인해 날카로운 마음이 둥글어지고 부드러운 화해로 이어졌다. 아이들은 아침에 눈을 떠서도, 공부를 하면서도, 책을 읽으면서도, 늘 엄마의 차 한 잔을 갈구했고 이는 우리 가족의 문화유산처럼 이어지게 되었다.

차가 일상이 되는 공간, 일상찻집을 통해 차를 교육하고 있지만, 교육보다 더 중요한 것은 차와 함께 하는 삶을 전하는 일이라 생각했다. 일상찻집을 오래 찾아주시는 수강생분들의 삶이 더 긍정적으로 변하는 모습을 지켜보아 왔고, 그들의 가족과 주변이 함께 변하는 것을 지켜보았다. 차 한 잔을 나누어 마시며 나와 우리는, 정서적으로, 관계적으로 훨씬 더 안정된 삶을 누리게 된 것이다.

차를 가르쳐온 2009년 이후로 이토록 많은 사람들이 차를 찾는 일은 처음이다. 스트레스가 쌓이고, 피로에 지치고, 카페인에 질린 사람들이 점점 더 차를 찾고 있다. 하루의 피로가 가득한 얼굴이, 차 한 잔으로 몰랑몰랑한 표정으로 변하는 그 모습을 지켜보는 즐거움이란. 차를 전하는 일은 우리 사회에 여유 한 모금을 더하며 우리를 치유하고, 더 행복하게 만드는 일이 틀림없다.

2009년부터 티마스터로 살아온 나의 삶은 이제 일상찻집을 통해 일상 속 차 한 잔의 여유, 차를 통한 교육과 성장, 그리고 차를 매개체로 한 다양한 웰니스라이프를 추구하며 티라이프디렉터로서 차와 우리의 삶을 더 긴밀하게 연결해 보고자 한다. 이러한 노력과 시도가, 나와 우리의 삶을 매일 조금씩 더 행복하게 만들어주리라 믿는다. 아주 조금이라도 좋다. 0.0001%씩이라도 우리 사회가 더 행복해질 수만 있다면.

차(茶)와 함께 하는 삶을 전하고 싶다. 차에 대한 편견 없이, 취향을 존중하며 또 안전하고 깨끗하게. 이 책에 담긴 레시피와 인문, 정보를 통해 더 많은 사람들이 차를 조금 더 편안하고 익숙하게 즐길 수 있기를. 더불어 자연에 가까운 음료인 차를 통해 우리 모두의 삶이 자연에 한층 더 가까워질 수 있기를 바란다.

처음이나 지금이나 변함없이 나를 지지해 주는 나의 첫사랑과, 한없이 부족한 엄마를 온 마음으로 사랑해 주는 나의 딸 기연이, 아들 기준이, 그리고 열심히 살아가기 위한 원동력이 되어주는 소중한 나의 가족 엄마와 동생, 22년 전 마음에 묻은 아빠에게도 언제나처럼 감사의 마음을 전한다. 내 삶의 모든 여정에 함께 해주고 응원해 주시는 모든 분들께도 감사드리고 싶다. 함께 차를 나눌 수 있음에 그저 행복하다.

겉모습으로 판단하지 않기

인도에서 4년간 거주하던 시절, 초등학생이던 딸아이는 아메리칸 스쿨에 다녔다. 때마침 내게 좋은 기회가 주어져 학교 선생님들과 교직원을 대상으로 3주간 홍차 입문반 클래스를 진행하게 되었는데 지금까지도 잊지 못할 좋은 추억이자 에피소드가 가득했던 시간이었다.

홍차 티백을 맛있게 우리는 방법에 대한 클래스를 진행한 이후의 일이다. 다음날 학교에 소문이 쫙 퍼져서, 나를 만나는 선생님들마다 덕분에 '립톤 티백'을 맛있게 우려먹게 되었다고 감사하다는 인사를 해대는 통에 정신없이 즐거웠던 기억이 난다. 지금도 입문반 티클래스를 진행할 때면 이날의 에피소드를 이야기하곤 하는데, 미국인들의 호들갑스러운 'OMG!' 리액션을 흉내 내면 다들 웃음을 빵 터트리곤 한다.

요즘은 홍차 티백도 발전하여 다양한 종류와 크기, 형태로 만들어지고는 있지만 일반 마트나 회사 사무실 등에서 가장 쉽게 만나볼 수 있는 것은 가루처럼 자잘한 입자의 찻잎이 들어 있는 작은 직사각형 크기의 일반 티백이다. 우리는 보통 아무 생각 없이 티백을 뜯어서 머그컵에 넣고 뜨뜻미지근한 정수기 물을 부은 후 무의식적으로 티백을 위아래로 흔들어 적당한 색이 나오면 홀짝홀짝 마시곤 한다. 나 홍차야, 라고 부르짖는 쓰고 떫은 느낌이 강한 그 음료는 미처 빼지 않은 티백으로 인해 시간이 갈수록 더욱 더 진해지다 못해 홍차 육수가 되고 만다. 하지만 커피 대신 카페인을 충전하기 위해 습관처럼 그렇게 홍차 티백을 마신다. 원래 그런 맛이었으니까.

티백이라고 해서 반드시 등급이 떨어지는 질이 나쁜 찻잎을 사용하는 것은 아니다. 차를 만드는 과정에서 바짝 건조된 찻잎들이 서로 부딪히다 보면 자연스레 바스러지기도 하고 가루가 생기기도 한다. 온전한 찻잎은 따로 모아 더 좋은 가격에 판매를 하고, 가루가 된 것들은 모아서 따로 티백을 만든다. 사실 재료는 같다. 크기만 다를 뿐.

이는 온전한 찻잎과 티백을 대하는 우리의 태도가 다를 뿐이다. 잎차를 선물받으면 보통은 어떤 차도구를 이용해서 어떻게 우려야 할지 고심하고, 조금 더 신중하게 차를 우려낸다. 하지만 티백은 그저 머그에 툭 던져 우려낼 뿐이다.

홍차 티백도 조금만 신경 써서 우려주면 일반 찻잎 형태의 고급 홍차 못지않은 풍미를 선사해 준다. 입문반 티클래스에서 신경 써서 우린 티백 홍차를 내어드리면 다들 눈이 동그래진다. 티백 홍차에서 이런 향기를 느낄 수 있느냐며 깜짝 놀란다. 티백을 우렸다는 생각을 할 수 없을 만큼 고급스러운 향기와 맛이 느껴진다고 하나같이 입을 모아 이야기한다.

티백 홍차를 정성껏 우려낼 때마다 내 자신을 돌아본다. 나도 그런 시절이 있었다. 고작 티백이니까, 맛도 거기서 거기겠지. 드러나는 모습만 보고 쉽게 판단하고 결정짓는다. 우리네 삶의 태도와도 크게 다를 바가 없다. 보이는 것이 너무나 중요한 세상에 살다 보니, 나도 모르게 보이는 모습으로 판단할 때가 있으니까. 그 속에 숨겨진 잠재력, 혹은 드러내지 않은 내공, 진정으로 중요한 것은 어쩌면 그것을 알아채는 사람의 눈에만 보이는지도 모르겠다.

레시피

일반 홍차 티백 맛있게 우리는 방법

요즘은 다양한 형태의 티백이 존재하지만 일반적으로 가장 흔하게 볼 수 있는 홍차 티백을 만난다면 꼭 다음과 같은 방법을 사용해서 우려보자. 일반 홍차 티백이란 가루처럼 자잘한 찻잎이 들어 있는 티백을 뜻한다.

1. 티백을 우릴 머그컵에 뜨거운 물을 부어 예열을 해준다. 홍차의 향기를 온전히 느끼려면 물의 온도가 뜨거울수록 좋다. 커피를 내리기 전에 서버와 커피잔을 예열하는 것과 같은 목적이라고 생각하면 된다.

2. 티백에 적합한 물의 양은 200~250ml를 권장한다. 예열한 머그잔에 100도의 뜨거운 물을 가득 채운다. 명심하자. 티백을 넣기 전에 물을 먼저 넣어야 한다.

3. 물을 채운 머그잔에 티백을 살살 넣어준다. 흔들지 않는다.

4. 뚜껑을 덮어서 딱 1분만 우린다. 머그 뚜껑은 다이소에서도 쉽게 구입할 수 있고 뚜껑이 없다면 접시로 덮어주어도 좋다.

5. 1분이 지나면 티백을 살살 흔들어서 꺼내준다. 절대로 위아래로 거칠게 흔들지 않는다. 티백을 살살 다루는 이유는, 온전한 찻잎이 아닌 가루 형태의 찻잎이 들어 있기 때문이다. 과하게 자극을 주면 쓰고 떫은 성분이 지나치게 많이 추출된다. 맑고 깨끗하고 향긋한 홍차가 아니라 쓰고 떫은 홍차가 완성되는 것이다.

물론 취향에 따라 레시피는 조금씩 달라질 수 있다. 그래도 홍차라면 조금 더 진한 풍미가 일품이다, 라고 생각한다면 1분이 아니라 2분간 우려줘도 좋다. 혹은 1분 우린 홍차조차도 너무 진하다 싶으면 30초만 우려도 괜찮다. 결국 차는 기호식품이기에 정답은 나에게 맞추면 된다. 하지만 쓰고 떫은 홍차를 좋아하는 사람들은 별로 없기에 우리는 방법에 조금 더 신경을 써주면 훨씬 더 부드럽고 감미롭고 향긋한 홍차를 즐길 수 있을 것이다.

홍차가 쓰고 떫은가? 천만의 말씀, 잘 우리면 이처럼 향긋한 한 잔의 차가 완성된다.

시작과 끝의 사이 –
서두르지도 말고, 멈추지도 말고

매년 새 학기가 시작되기 전 그 설렘을 기억한다. 친한 친구와 같은 반이 되었는지, 선생님은 어떤 분인지 기대와 설렘, 그리고 긴장과 떨림 속에서 새로운 학기를 시작하곤 한다. 이는 엄마가 된 지금도 변함없다. 아이들 학년이 바뀔 때마다 반 편성과 담임선생님 배치를 기다리며 함께 설레게 된다. 우리 아이들은 3살 터울이다. 그렇다 보니 큰 아이가 고등학교에 입학했을 때 작은 아이가 중학교에 입학했다. 특히 큰 아이는 생전 처음으로 기숙사 생활을 하게 되어 걱정 반 기대 반으로 3월을 시작했던 기억이 난다.

  올해는 둘 아이 모두 고2, 중2로 새 학교에서 적응을 마치고 2학년을 맞이하다 보니 걱정과 떨림은 적어지고 이미 아는 자의 설렘과 기대가 가득한 듯하다. 겨울 방학의 끝자락, 입춘과 우수가 지나고 경칩을 바라보는 이 시점에서 아이들은 새로운 시작을 기다린다.

삶에서 시작이란 정말 큰 의미를 지니게 된다. 초, 중, 고등학교는 물론이고 대학교의 첫 시작, 사회생활의 시작, 사랑의 시작, 결혼, 사업의 시작, 육아의 시작…… 새해가 되면 우리는 모두 새로운 한 해의 시작을 내세우며 내 삶의 변화를 꾀하곤 한다. 다이어리를 장만하고, 루틴을 새로이 다지고, 올 한 해는 큰 변화를 일구어낼 거라고, 달라진 내가 되리라고 다짐하고 또 다짐한다. 하지만 다들 한 번 이상 경험해 보았겠지만 의외로 시작을 기점으로 한 다짐은 쉽게 변하고 또 퇴색해 버린다. 또는 사라지기도 한다. 시작할 때의 그 마음을 잊지 않고 지켜가기란 쉽지 않다. 초심으로 돌아간다는 이야기가 생긴 것도 같은 연유일 것이다.

새로운 시작은 그 자체만으로도 의미가 있지만, 지속했을 때 진정한 의미가 부여되는 것 같다. 시작한 일을 꾸준히 해내어 유지하거나, 혹은 멋지게 마무리했을 때 초심에서 생각했던 뜻을 이루게 된다. 음악이든, 글이든, 예술이든, 고전이 인정받는 이유는 지속성 때문이라고 생각한다. 그 시작은 몇백 년도 더 된 그 옛날이지만, 인류의 존속과 함께 여전히 끝나지 않고 살아 있는 것이다.

우리의 삶은 어떠한가. 삶의 순간, 순간에는 크고 작은 시작과 끝이 있지만 사실 생각해 보면 우리의 삶은 지금 이 순간에도 지속되고 있을 뿐이다. 아이들에게 삶은 마라톤이라는 이야기를 종종 한다. 고2 딸에게는 지금 이 순간 대학 입시가 전부인 것처럼 느껴지겠지만, 대학 입시로 우리의 삶이 끝나는 것이 아니기에, 사실 어떻게 생각하면 그 과정은 하나의 작은 점에 지나지 않는 것이다. 삶은 수많은 시작과 끝을 연결한 점을 이어가는 과정이다. 내가 원하는 곳에 점을 찍지 못했다고 해서 선이 사라지는 것은 아니다. 오히려 생각지도 못했던 더 멋진 선이 완성되기도 한다.

서두르지도 말고, 멈추지도 말고. 나와 딸의 좌우명이다. 우리 삶의 시작과 끝을 평가받는 것은 아마도 우리가 눈을 감는 그 순간이 아닐까 싶다. 그때까지 우리는 그저 시작과 끝처럼 보이는 궤도에서 살아가고 있는 것이기에. 그 긴 인생의 여정을 바라볼 줄 아는 혜안을 가지고 나만의 점과 선을 만들어가고 이어가는 삶이야말로 진정 멋진 시작과 끝을 해내는 삶이 되지 않을까. 서두르지도 말고, 멈추지도 말고 말이다.

인문

차의 기원

세상 모든 것에 그 시작이 있는 것처럼 차에도 그 시작이 있었다.

그렇다면 차(tea)는 언제, 어디서, 어떻게 시작되었을까? 예전에 홍차는 영국에서 시작되었다고 생각하던 때가 있었다. 아마 여전히 많은 사람들이 그런 생각을 하고 있을지도 모른다. 하지만 놀랍게도 홍차를 비롯한 모든 차(tea)는 중국에서 시작되었다. 그것도 무려 기원전 2737년에 말이다.

차의 기원에 대해서 이야기할 때는 신농씨라는 인물이 반드시 등장한다. 우리나라에 단군신화가 있듯이 중국에도 삼황오제라는 건국 신화의 인물들이 있다. 그 중 삼황인 수인씨, 복희씨, 신농씨(씨: 당시 왕에게 붙이는 호칭이다) 중에서 신농은 농경과 의약을 담당하던 신이었는데, 백성들을 위해 식용이 가능한 풀과, 독초를 구분해 내는 일을 했다고 한다. 하루는 수많은 풀을 맛보다 독초에 중독이 되어버렸다. 해독초를 찾으려 했지만 쉬이 찾아지지 않았고, 우연히 발견한 향긋한 잎을 먹고 해독이 되었는데 그것이 바로 차였던 것이다. 전설처럼 내려오는 이야기이긴 하지만 차의 시작을 이야기할 때에는 누구나 신농씨를 이야기한다.

이처럼 차는 '약'으로서 시작되었고 시간이 흘러 명상과 수련의 음료로써 사용이 되었으며 일상 속 음료로써, 또 현대에는 몸과 마음의 건강을 위한 음료로써 음용이 되고 있다. 자그마치 5천 년의 역사를 지니고 지금까지 이어져 내려오고 있는 것이다. 어쩌면 바쁘고 스트레스가 많고 웰니스라이프에 관심이 많은 현대인들에게 그 어느 때보다도 더 많은 관심을 한몸에 받고 있는 것이 차가 아닌가 싶다.

누군가 차생활을, 혹은 차 공부를 시작하고 싶다고 찾아오면 내가 처음으로 차를 시작했던 그때를 떠올린다. 그때의 그 설렘, 행복감, 평안함과 같은 긍정적인 감정의 기억들이 19년이 지난 지금 마시는 차 한 잔에서도 고스란히 느껴진다. 참 다행이다. 무언가를 이토록 오래, 변함없이 좋아한 적이 또 있을까.

더 많은 사람들이 차를 시작했으면 좋겠다. 19년간 차를 권하고 차를 전하면서, 차를 통해 삶이 변하는 이들을 많이 지켜보아왔다. 5천 년 전에 시작되어 지금까지, 인류가 꾸준히 이어온 유산을 이제라도 함께 시작해보자고 차 한 잔을 건네고 싶다. 차 한 잔의 따스한 온기가, 위로가, 지금을 살아가는 우리에게 꼭 필요한 것이기에, 오늘도 차를 우린다.

생일, 일상 속 그 특별함

결혼하고 아이를 낳은 후, 생일날이 특히 더 기다려지는 이유는 아이들 덕분이다. 생일날 아침, 올해로 고2가 된 딸아이가 나에게 묻는다. 엄마는 삶을 살아가는 데 가장 힘이 되고 뜻깊은 한해가 있었느냐고. 나는 주저 없이 답했다. 너희들을 뱃속에서 키워 낸 그 두 해의 기억이 내 삶의 가장 큰 원동력이자 행복이라고.

시간이 지나고 삶을 돌아보면 힘들고 나빴던 기억은 희미해지고 행복하고 좋았던 순간들만 마치 영화의 한 장면처럼 기억 속에 남는다. 그리고 그 추억들을 원동력 삼아 지금을 더 행복하게 살아가게 되는 것 같다. 내 배에서 꼬박 열 달을 키워 태어난 아이들이 내 품에 안겨 꼬물꼬물 움직이는 모습을 지켜보던 그 추억의 순간은 지금도 나를 웃게 한다.

이번 생일은 딸아이가 기숙사에서 돌아오는 날이라 온 가족이

함께 보내게 되었다. 작년 생일은 목요일이었는데, 딸이 기숙사에서 꽃배달을 보내주어 그 자리에서 펑펑 울었다. 처음으로 딸과 떨어지던 해라 더 그랬는지도 모르겠다. 올해도 어김없이 두 아이들은 나에게 긴 생일 편지를 남겨주었다. 나이가 들수록 액세서리는 귀걸이만 하게 된다는 엄마의 말을 기억하고, 푸른빛으로 빛나는 귀걸이와 함께 말이다.

딸은 나에게 나이가 들어간다는 것은 책임질 일이 점점 더 많아지는 일인 것 같다는 이야기를 썼다. 중학교 시절 학교에서 돌아와 엄마와 함께 차를 마시고, 게임을 하고, 수다를 떨던 그 시절이 그립다며. 그럼에도 그 시절의 추억이 있어 지금을 더 행복하게 살아갈 수 있는 것 같다고. 그러니 지금도 우리가 할 수 있는 만큼 차를 마시며 그 시간을 쌓아가자고. 꾹꾹 눌러 담은 마음이

긴 편지에서 느껴져서 울컥 또 눈물을 흘리고 말았다.

학교에서, 집에서, 시간을 들여 깜짝 선물 상자를 만든 아들은 늘 격려해주고 응원해주는 엄마라 정말 감사하다는 말과 함께, 엄마의 아들로 태어나 너무 기쁘다며 찻잔 그림을 가득 담은 사랑스러운 메시지를 담아주었다.

생일파티에는 언제나처럼 차를 한 잔 우려내었는데, 이날은 평소와 조금 다른 특별한 차를 꺼내보았다. 갓 만들어진 운남성의 백호은침. 올해 3월 1일, 생일로부터 고작 20일 전에 만들어진 신선한 백차의 향기에 감탄하며 생일처럼, 이렇게 평범하고도 잔잔한 일상 속 특별함을 더해주는 순간들이야말로 우리를 더 행복하게 살게 하는 게 아닐까 하는 생각을 해보았다.

같은 차라고 해도 매해 봄, 햇차가 나오는 시기가 되면 설렘으로 차를 우려내듯, 매해 돌아오는 나의 생일날은 매년 친구들과, 그리고 가족들과, 소중한 누군가와 함께하는 설렘 가득한 그런 특별한 기억으로 내 삶에 차곡차곡 쌓여갈 것이다.

레시피

백호은침
맛있게 우리기

여느 차와 마찬가지로 중국에서 탄생한 백차는 중국 푸젠성에서 시작되었는데, 지금은 중국 운남성, 광동성, 베트남, 대만, 스리랑카, 인도 그리고 한국 등 전 세계에서 생산되는 차가 되었다. 백차는 흔히 알려진 6대 다류 중에서 가장 제다가 간단한 차이며, 그렇기에 동시에 가장 만들기 어려운 차이기도 하다. 위조(널어서 말리기), 그리고 건조 단 두 개의 과정으로 맛과 향을 원하는 만큼 끌어올려야 하기 때문이다.

중국의 백차는 크게 싹으로만 만든 백호은침, 싹과 잎으로 만든 백모단, 그리고 싹보다는 잎의 함량이 단연 높은 공미, 수미가 있다. 백호은침을 만드는 나무로 공미와 수미를 만들고, 백모단은 다른 품종으로 오직 백모단만 만든다. 상업적으로는 이 두 가지가 섞여 있기도 하지만 말이다. 이는 품평, 즉 테이스팅으로써 구분할 수 있다.

전 세계적으로 백차가 만들어지고 있음에도, 여전히 중국 기준으로 백차는 중국 푸젠성의 백차에 한한다. 이는 품종과 관련된 특별함 때문인데, 상업적으로는 운남성도, 그리고 전 세계 각 지역에서도 화이트티, 즉 백차가 만들어지고 있으니 취향으로서의 백차와, 교육으로서의 백차는 조금 다른 노선을 타고 있다고 해도 좋을 듯하다.

운남성의 백호은침은 상업적으로 만들어진, 세계의 노선을 타고 있는 백차인데 운남성은 워낙에 넓은 지역이다 보니 보이차를 만드는 오래된 차나무 즉 고차수로 백차, 홍차, 보이차를 모두 만들고 있고 지역별로 그 풍미가 당연히 다르다.

개인적으로 오랜 기간 푸젠성의 백차(복정, 정화, 송계 등지)만 마셔오다 보니 운남성의 백차는 취향으로써 한 번씩 즐기고 있는데, 이번에 대설산에서 만든 백호은침이 너무나 맛이 좋아 일상찻집 수강생분들에게도 널리 소개를 해보았다.

운남성의 백호은침은 푸젠성의 백호은침과 달리 조금 더 직관적인 단맛을 지니고 있고 열대과일과 같은 또렷한 향기와 단맛이 특징이다. 푸젠성의 백호은침은 가격이 워낙 비싸, 가성비로 따지자면 운남성의 백호은침 만한 게 없다. 이번에 3월 1일에 생산된 운남성의 백호은침을 3월 21일에 처음으로 맛을 보았는데, 그 신선한 풍미가 일품이었다. 고산지대, 고차수의 특징을 지니고 있어 매력적인 차였다.

백호은침은 싹으로만 이루어진 차이다 보니 카페인의 함량이 높다. 살짝 식힌 90도의 물에 우리면 조금 더 부드럽게 즐길 수 있다. 차는 취향이다 보니 100도의 물에 우려도 무리는 없다.

나는 푸젠성의 백호은침은 85도에, 운남성의 백호은침은 100도에 우리곤 하지만 같은 이름의 차라고 해도 등급과 품질이 천차만별로 다르기에 물 온도를 달리해보는 것을 추천한다. 내 취향에 가장 맞는 온도가 차마다 달라지기 때문이다. 물 150ml 전후의 개완에 5g의 찻잎을 넣고 20초, 25초, 30초…… 초 단위로 우려서 마신다. 큰 티포트에 물 300ml, 차 3g을 넣고 3분간 우려마셔도 좋다.

햇차의 신선함도 좋지만 몇 달을 보낸 후 조금 더 얌전해진 그 느낌도 참 좋다. 시간을 두고 다채롭게 즐겨보길 바란다.

균형을 잡으며 살아간다는 것은

살아가면서 가장 어려운 것은 다름 아닌 균형이다. 이를 동양에서는 중용이라고 하고, 서양에서는 워라밸이라고도 한다. 현대를 살아가는 우리는 특히 중용보다는 양 끝단으로 치닫게 되는 것 같다. 매운맛도 끝장을 보아야 하고, 디저트도 극악으로 달아야 인기를 끌고, 일을 너무 많이 해서 워커홀릭이 되고, 여러 가지 이유가 있겠지만, 아이들도 함께 품기보다는 노키즈존으로 차단해 버리는 그런 세상 말이다.

    나 역시도 마찬가지이다. 동서양의 고전을 꾸준히 읽고 있다 보니 중용과 균형에 대한 생각을 꽤 자주 하게 되는데, 특히 시대의 흐름과 내면의 가치관이 종종 충돌하는 일들이 있곤 한다. 나 하나만 생각한다면 현재의 삶에 무척 만족하고 있지만, 아이들을 생각하면 큰돈을 벌어 교육을 포함하여 다방면으로 더 많은 것을 해주고 싶은 부모의 욕심 또한 가득하다. 17년째 해오고 있는 차를 전하는 일은 나의 소명이라 생각하며 일하고 있지만, 그럼에도 돈을 버는 직업이자 수단이다 보니 그 사이의 균형을 잡아가는 것 또한 쉽지 않은 일이다.

    차도 마찬가지이다. 지금처럼 차의 상업화가 가속된 적이 없었다. 상업화란 곧 대중화를 의미하고 더 많은 사람들이 차를 만날 수 있다는 뜻이기도 하다. 과거에는 동양의 차가 다소 귀하고 만들기 힘들었다면, 서양 브랜드의 차는 대중들이 안전하면서도 깨끗하게 만날 수 있는 차의 범주에 들어갔다. 중국 내에서도 상업화, 대중화에 박차를 가하며 만나기 힘들었던 중국의 차들도 손쉽게 구할 수 있게 된 것이다.

    더 많은 이들이 차를 만날 수 있다는 것은 긍정적인 변화이지만, 예전처럼 시간과 정성을 들여, 전통적으로 만드는 차를 만나기 힘들어진다는 것은 아쉬운 점이기도 하다. 더 많이, 더 빨리를 추구하다 보니 더 많은 노력과 시간을 들여야 하는, 쉬이 말하는 가성비가 좋지 않은 차들을 생산하는 것은 점점 더 기피하게 되는 것이다.

    내가 가장 좋아하는 중국차 중의 하나는 무이암차이다. 실제로 무이암차라고 하는 것은 전체의 10% 정도에 불과하다. 그 말인 즉, 시중 90%는 무이암차의 특징을 갖지 않은 무이암차라는 뜻이다. '무이암차'라는 명성에 매달리다 보니 가격은 높고 질은 떨어지는 차를 지속적으로 만들어내는 것이다.

차는 기호식품이다. 내가 마셨을 때 맛있다면, 나의 취향에 맞다면 그걸로 된 것이다. 비단 차뿐만이 아니다. 음식도, 커피도, 와인도, 위스키도. 그럼에도 그 취향을 찾을 수 있는 기준은 필요하다는 생각이다. 자본주의가 잠식해 버린 시장에서 최소한의 기준이 있어야 방향을 잡아갈 수 있을 테니까. 결국 우리 삶도 마찬가지인 것 같다. 넘쳐나는 정보의 홍수 속에서 내 삶을 이끌어갈 수 있는 기준이 되는 나침반이 있어야 방향성을 놓치지 않을 테니까.

무이암차라고 일컬을 수 없는 무이암차가 넘쳐나는 시장 속에서, 차의 기준을 교육하는 교육자로서 어떻게 기준을 전해야 할지 늘 고민이 된다. 차도 삶도, 언제나 닮은 꼴이다.

레시피
무이암차를 맛있게 우리는 방법

차의 기준에 대해서 이야기를 한다면 중국은 국가평차사, 다예사에게 가르치는 교재가 있다. 물론 차 시장이 급격하게 변해가고 있기 때문에 그에 발맞추어 매년 그 기준을 수정해가고 있지만 그럼에도 교육 내용은 제법 명확하다. 품평, 즉 티테이스팅은 이 기준에 맞추어 진행하게 된다.

운 좋게도 각 나라에 단 한 명뿐인 중국 국가 평차사, 다예사이신 사범님께 오랜 기간 직접 사사를 받아 나 역시도 중국의 국가 평차사와 국가 다예사 자격증을 갖고 있다. 현재 외국인은 중국의 국가 자격증을 가질 수 없고 국가 공인 자격증만 가능하기에, 나는 중국차의 교육 기준을 명확하게 전하려고 노력하고 있다.

무이암차는 바위가 많은 산지라는 떼루아의 특징 때문에 암운이 가득한 차로 알려져 있다. 암운이란 굳이 글로써 표현하자면 입안이 시원하고 상쾌해지는 느낌이라고 할 수 있겠다. 젖은 바위를 혀로 핥았을 때의 기분이라고 표현하기도 하는데, 마셔보면 안다. 입안이 시원하다 못해 상쾌해지는 그 기분을 말이다. 무이암차는 결코 묵직한 차가 아니다. 흔히 말하는 홍배 향이 가득한 차도 아니다. 가볍고, 상쾌하고, 혀가 촉촉해지는, 단맛이 가득한 차이다.

무이암차는 개완에 우리는 것을 권한다. 등급이 떨어지는 무이암차는 오히려 자사호에 우리면 맛이 좋을 수 있지만 잘 만든 무이암차는 개완이 그 특징을 가장 잘 드러낸다. 150ml 전후의 개완에 찻잎 4~5g을 넣는다. 중국식으로 우릴 때에는 최소한 4g 이상의 찻잎을 사용하는 것이 좋다. 찻잎이 아깝다고 적게 넣으면 그 특징을 제대로 느낄 수 없다.

예열한 개완에 찻잎을 넣고 좌우로 세게 흔들어준다. 이 과정을 통해 맛과 향이 깨어나게 된다. 그리고 100도의 뜨거운 물을 부어 5초간 우린다. 그 뒤로는 5초씩 늘려 10초, 15초…… 여러 번 우려서 마실 수 있다. 하지만 안타깝게도 무이암차는 내포성이 약한 차이다. 5포 이상이 되면 맛이 조금 밍밍해질 수 있다는 점은 염두에 두자.

서양식으로 무이암차 4g에 400ml의 물을 넣고 4분간 우려 마셔도 좋지만, 개인적으로 중국식으로 우려 마시는 것을 가장 추천한다. 무이암차의 특징을 가장 또렷하게 느낄 수 있는 방법이기 때문이다. 무이암차는 가볍고, 상쾌하고, 혀가 촉촉해지는, 단맛이 가득한 차라는 것을 꼭 기억하면 좋겠다. 일상찻집에서 무이암차의 또렷한 암운을 직접 경험해보신 수강생분들은 그 팡팡 터지는 상쾌함에 반해버리고 만다.

차곡차곡

어우러짐이란 세상을 살아가는 이치인 것 같다. 삶은 결코 혼자서 살아갈 수 없지만 그렇다고 또 모든 사람들과 함께 잘 어우러져 살아가기란 쉽지 않은 일이다. 나에게는 당연한 것이 다른 누군가에게는 그렇지 않을 수 있다는 것을 살아가며 깨닫게 된다. 그래서 결이 잘 맞는 사람과 만나 관계가 무르익으면 그 또한 삶의 큰 복이자 인연이라 생각하게 된다.

우연한 기회에 연이 이어진 '요즘우리술'의 송창훈 대표님과는 각자의 분야에서 추구하는 바가 비슷하여 차곡차곡 워크숍을 시작하게 되었다. 옛 사람들은 술을 곡차라 불렀고 차와 술을 함께 마시는 문화를 차곡차곡이라고 일컬었다. 술과 차를 함께 마시면 무엇이 좋기에 이렇게 즐겼을까? 술은 차의 맛을 돋워주고 차는 술의 맛을 돋워준다. 따로 안주가 필요 없을 만큼 차와 술의

어우러짐이 훌륭할 때 미각이 폭발하는 새로운 즐거움을 느끼게 된다. 술이 취하는 듯하면 차가 깨워주어 정신도 또렷하다. 마셔라 부어라의 문화가 아닌, 하나의 예술과 페어링의 극치를 맛볼 수 있는 차와 술의 풍류의 장, 그것이 우리가 추구하는 차곡차곡이다.

잘 어우러져 살아가는 것이 쉽지 않은 것처럼, 페어링의 영역은 사실 섬세함의 극치라고 말할 수 있다. 아주 쉽고 편하게, 회에 일본 녹차나 김밥에 한국 녹차, 혹은 피자에 우롱차처럼 일상적인 페어링을 즐길 수도 있지만, 차곡차곡에서는 그 이상의 섬세한 맛과 향의 어우러짐을 찾는다. 주정을 넣어 빠르게 대량 생산하는 술이 아닌 시간을 들여 전통 주조로 만든 한국의 약주, 막걸리, 증류주, 와인과 전통 제다로 만들어 특별한 풍미를 지닌 귀한 중국차, 한국차, 세계의 차와의 기가 막힌 마리아주(프랑스어로 '결혼' 또는 '궁합'을 의미하며, 주로 차, 와인과 음식의 조화를 설명하는 용어)를 선보이기 위함이다.

차곡차곡을 처음 경험하면 다들 감탄을 금치 못한다. 차곡차곡을 한 번도 경험하지 못한 분은 계셔도 한 번만 오신 분들은 없다. 진정 잘 어우러진다는 것, 진정한 페어링의 극치는 삶도, 사람도, 술도, 차도, 감동 그 자체가 되어준다. 일상찻집에서 선보이는 페어링은 언제나 섬세함을 곁들이려고 노력한다. 차와 음식, 차와 술, 차와 사람, 차와 풍경…… 온전한 어우러짐이 참으로 힘든 우리의 삶 속에서, 차 한 잔을 통한 완전한 어우러짐을 경험하고 감탄하는 것. 숨막힐 듯 힘들고 지친 우리의 삶에 한 잔의 완벽한 힐링을 선사해 주는 순간이 아닌가 한다. 차곡차곡이 차곡차곡 쌓여 우리 삶에 여유의 순간들이 차곡차곡 쌓여가면 좋겠다.

인문

차곡차곡 페어링 추천

2024년부터 본격적으로 진행해 온 차곡차곡은 한국의 전통주와 차를 페어링하는 풍류의 장이다. 빠르게, 화학적으로 만들어진 술이 아니라, 시간을 들여 전통 주조로 숙성과 발효를 통해 만들어진 전통주는 그 풍미가 확연히 다르다. 그동안 진행해 왔던 차곡차곡 중에서 개인적으로 특히 좋았던 페어링들을 소개해 본다. 한국의 전통주는 인터넷으로도 쉽게 구입이 가능하니 꼭 시도해보면 좋겠다. 일상찻집과 요즘우리술이 함께 기획하고 있는 차곡차곡 행사는 한 달에 한 번 토요일에 진행되고 있으니 관심 있으신 분들은 언제든 문의주시길 바란다.

1. **술아 매화주와 상선암 설중매**

    은은한 매화꽃향이 매력적인 과하주 술아 매화주는 여주 햅찹쌀과 국내 누룩으로 술을 빚어 맑은 술만 건져내어 매화꽃을 오랜 기간 띄워 꽃향을 입혀 만든 술이다. 지리산 상선암에서 눈이 내려 쌓여 있는 매화꽃을 따서 차로 덖어 만든 상선암의 설중매는 이름처럼 눈 속에 피어 있는 매화꽃을 뜻한다. 매화의 섬세하고 은은한 두 향기가 만나 입안 가득 봄 향기를 채워준다.

2. **횡성양조 온향 팔줄배기와 유산차방 정총철관음**

   온향은 술을 빚어 잔치를 한다는 뜻이다. 우리의 선조들이 추수 후 가장 좋은 곡식으로 술을 빚고 제를 올린 후 잔치를 베풀었던 전통을 담아 만든 이름이라고 한다. 8줄로 이루어져 있는 강원도 토종 옥수수 팔줄배기로 엿술을 빚고 증류한 후 오크와 옹기에 숙성시켜 복합적인 향미를 느낄 수 있는 온향 팔줄배기는 고도주의 술인데 팔줄배기를 한 모금 마신 후에 이어서 대만의 우롱차인 정총철관음을 한 모금 마시면, 오크의 향과 단맛이 폭발하고 깔끔하게 마무리되는 후운을 느낄 수 있다.

3. **UF Beer 돈과 압끼빠산드 사프란 마살라 짜이**

   2016년부터 충북 음성에서 보리를 재배하여 그 보리의 맥아를 재료로 토종 한국 맥주를 만들고 있는 UF Beer의 수퍼세종 맥주 Don은 농사일을 하다 꽃밭에 누웠을 때 느껴지는 그 향기를 담았다고 한다. 꽃향기와 스파이시한 향기에 초점을 맞추어 인도 티 브랜드 압끼빠산드에서 제일 좋아하는 사프란 마살라 짜이를 페어링했다. 밀크티가 아니라 스트레이트티로 우려낸 차를 곁들이는 게 포인트. 섬세한 사프란과 향신료의 향기가 입안을 가득 채운다.

You are what you eat

살아가면서 최우선으로 두고 있는 한 문장. 자연에 가까운 삶을 추구하고 있지만 지금을 살아가는 우리에게 여간 어려운 일이 아니다. 그럼에도 우리 입으로 들어가는 것 하나, 하나에 조금 더 정성과 관심을 기울인다면 아예 불가능한 일은 아니라고 생각한다. 몸과 마음은 연결되어 있고 몸이 건강하면 마음 역시 건강하다는 것을, 당연한 진리가 지금에 와서 재조명되고 있는 것은 그만큼 몸과 마음이 아픈 사람이 많다는 뜻이기도 하다.

 아이들을 키우면서 학원과 교육에 신경 쓰는 대신, 지금까지도 가장 마음을 쓰고 시간을 들이는 것은 다름 아닌 집밥이다. 좋은 재료로 잘 만든 집밥. 무분별하게 만들어진 밀키트나 외식, 편의점 음식과 같은 인스턴트 한 끼보다 좋은 재료를 하나, 하나 골라 만든 마음이 담겨 있는 따스한 집밥 말이다. 워킹맘으로서 매

끼니 집밥을 준비하는 일은 결코 쉽지 않지만 아이들이 어릴 때부터 지금까지 엄마로서 제일 잘한 일을 꼽으라면 그것은 바로 집밥일 것이다.

풍요 속의 빈곤이라고 하는 말이 와닿는 시대이다. 사위가 오면 씨암탉 잡는다는 말도 모두 옛말이다. 귀하게 길러 귀한 이를 위해 잡는 닭고기가 아니라 대량 생산되어 넘쳐나는 소, 돼지, 닭고기를 먹고 온실 재배되거나 주사를 맞아 큰 채소와 과일을 먹는다. 그래서 그 속에서 조금이라도 더 자연에 가까운 재료를 선택하려고 애를 쓴다. 세상사 모든 것이 완벽할 수는 없지만 최선의 선택을 하려고 노력한다. 건강이 화두가 된 현대 사회에서 우리의 입으로 들어가 우리의 몸과 마음을 만들어주는 좋은 음식에 대한 투자는 나와 내 아이, 우리 가족의 미래를 위한 가장 크고도 중요한 투자가 아닌가 싶다.

그런 의미에서 나는 차를 마시고자 하는 이들에게 한국의 차를 많이 추천한다. 한국에서도 특히 하동에서 생산되는 차는 지리산 청정지역의 맑은 공기와 깨끗한 땅에서 투명하게 만들어지는 차이다. 한국 하동에는 200개가 넘는 작은 다원들이 모여 있다. 각 다원에서 여전히 옛 방식을 고수하며 정성껏 차를 덖는다. 옛 방식이란 고리타분한 낡은 것을 뜻하는 것이 아니다. 차를 만드는 것에 감사하고, 자연에 감사하는 마음을 담아 내가 마실 차처럼 직접 차를 만드는 것이다.

　차라고 하면 여전히 중국차가 최고라고는 하지만, 그것은 옛날 전통 방식으로 장인들이 만들던 그런 차를 의미한다. 수출용으로 대량 생산되는 저가의 중국차를 의미하는 것은 결코 아니다. 넘쳐나는 중국차 속에서 이를 구분할 방법이 없는 이들에게는 우리의 땅에서 자란 우리 차가 최고이다. 신토불이, 한국의 차가 세계에 알려지고 있는 지금, 우리는 그 차를 손쉽게 마실 수 있으니 얼마나 큰 복인가.

　특히 계절에 따라, 내 몸 상태에 따라, 혹은 체질에 따라 골라 마실 수 있는 수많은 대용차가 존재하는 한국은 한국형 허브, 그러니까 대용차의 천국이다. 대용차는 대부분 카페인 프리라는 것 또한 장점이다. 나의 취향에 맞게, 계절에 맞게 대용차를 골라 마시다 보면 카페인과 피로에 절여진 내 몸이 절로 디톡스가 되는 것을 느낄 수 있을 것이다.

인문

계절별 대용차 추천

대용차는 약은 아니지만, 동양학적으로 기운을 북돋아 주고 조화를 이루게 할 때나, 질병으로 발전하기 전 우리 몸의 균형을 잡아두는 데 도움을 받을 수 있다. 한 가지 차를 지속적으로 마시는 것보다는 두세 가지 재료를 블렌딩한 차를 마시거나 번갈아 가면서 마시는 것을 추천한다.

봄은 만물이 소생하고 새로운 기운이 피어나는 시기로 음양오행 중에서 목(木)에 해당하는 계절이다. 겨우내 몸에 쌓인 음을 몰아내고 새로운 양을 쌓아가는 시기이기도 하다. 해독을 관장하는 간이 중요한 역할을 하는 계절인 만큼 따뜻한 성질을 지니고 있으며, 겨우내 쌓인 냉기와 습기를 내보낼 수 있는 쑥차가 제격이다. 찬 성질을 지니고 있지만 목(木)의 기운을 관장하고 있는 눈과 간에 도움을 줄 수 있는 국화차 또한 이 계절에 즐기기 좋다.

여름은 녹음이 무성해지고 더위가 강한 화(火)에 해당하는 계절이다. 더위로 인해 심장이 쉽게 지치고 수분 보충이 많이 필요한 계절이기도 하다. 여름에는 찬 성질을 지니고 있어 더위를 식혀주고 갈증 해소에도 탁월한 보리차가 제격이다. 하지만 성질이 차가운 만큼 위장이 약한 사람들은 차게 마시기보다는 상온이나 미지근하게 마시는 것이 더 좋다. 다섯 가지 맛을 지니고 있다고 해서 오미자라는 이름이 붙은 오미자차 역시 여름철 기력을 보해주는 데 도움을 준다. 피로회복에도 더없이 좋다.

가을은 결실이 맺히고 공기가 차가워지기 시작하는 금(金)에 해당하는 계절이다. 춥고 건조한 공기로부터 우리의 폐를 보호해야 하는 시기이기도 하다. 따뜻한 성질을 지니고 있고 기관지를 보호해 줄 수 있는 모과차도 좋고, 폐의 건조함을 완화시킬 수 있는 둥굴레차도 좋다. 단 성질이 조금 차기 때문에 따뜻하게 마시는 것을 권한다.

겨울은 추위가 시작되고 수(水)에 해당하는 계절이다. 음의 기운이 가장 강한 계절인 만큼 양기를 보존하고 신장과 방광에 신경을 쓰면 좋다. 폐를 따뜻하게 보호해 주며 전반적인 혈액순환을 도와주는 생강차도 좋고, 따뜻한 성질에 여러 가지 약재를 어우러지게 해줄 수 있는 대추를 함께 우려 마셔도 좋다. 뜨거운 성질을 지니고 있어 혈액순환과 소화기에 도움을 줄 수 있는 계피 역시 좋은 재료가 되어준다.

세상은 넓고 차는 많다

신혼 3개월 차에 덜컥 큰아이가 생겨 18년간 두 아이를 키워온 나와 신랑은, 생각해 보면 결혼 후 단둘이 여행을 다녀온 일이 거의 없었던 것 같다. 그것도 2주라는 긴 시간 동안은 더더욱 말이다. 하지만 운 좋게도 신랑과 단둘이 12일 정도 여행을 다녀올 기회가 생겼다. 카자흐스탄 알마티. 처음으로 가보는 '스탄'국의 여행에 몇 달 전부터 가슴이 두근거렸다.

카자흐스탄을 선택했던 이유는 인도에서 가까이 지내던 지인 가족이 살고 있기 때문이기도 했지만, 차를 워낙 많이 마시는 나라이기 때문이기도 했다. 여행을 갈 때면 늘 그 나라의 차문화에 관심을 갖다 보니 이번 여행도 예외는 아니었다. 지인은 카자흐스탄에서 초, 중, 고, 대학교를 나와서 러시아어에 능통했고, 카자흐스탄의 문화와 예술, 경제, 정치 등 다방면으로 박식했다. 여행지에 가면 궁금한 것 투성이인 나에게는 사막의 오아시스와도 같았다. 글씨도, 말도, 전혀 알아들을 수 없는 러시아어와 카자흐스탄어의 홍수 속에서 말이다.

카자흐스탄은 러시아 연방이기도 했던 나라라 어느 정도 예상은 했지만 상상 이상으로 차를 많이 마시는 나라였다. 카페에 가면 커피보다 차 메뉴가 훨씬 더 다양했고, 심지어 술집에도 차 메뉴가 최소 한 페이지는 있었다. 식사를 할 때에도, 술을 마실 때에도, 늘 옆에 차를 곁들이는 나라가 바로 카자흐스탄이었다.

재미있게도 카자흐스탄은 차를 전혀 생산하지 않는 나라이다. 하지만 마트에 들어가면 차 코너가 한가득이다. 근방의 나라인 러시아, 중국, 우즈베키스탄, 우크라이나, 심지어 영국 등 다양한 나라에서 차를 수입하고, 찻잎을 수입해서 블렌딩하거나 패킹하여 만든 카자흐스탄 브랜드도 있었다. 카페에서는 자체 블렌딩 허브차를 만들어 판매하고, 어딜 가나 허브차와, 곡식 기장을 넣어서 만든 밀크티를 만날 수 있었다.

그 어디에서도 들어볼 수 없었던 카자흐스탄의 차문화는 신선한 충격이었다. 17년이라는 긴 세월 동안 차를 가르쳐 왔지만, 이런 차문화는 사실 듣도 보도 못했다. 인도, 스리랑카, 중국, 베트남, 일본…… 여행, 일, 사람, 새로운 경험을 더할 때마다 '우물 안 개구리'라는 속담을 떠올리게 된다. 인도에서 4년간 거주할 때에도 그랬다. 한국에서는 전혀 알 수 없었던 새로운 티 브랜드를 접하며, 진짜 인도 가정식 짜이 만들기를 배우며, 세상이 얼마나 넓고 다양한지 다시금 깨닫곤 했다. 그리고 모든 것이 처음이었던 카자흐스탄에서 그들의 놀라운 차문화를 경험하고 우물 밖으로 나가려면 아직도 멀었다는 것을 다시 한번 깨닫는다.

나는 매 순간 겸손하자고 다짐했지만, 매 순간 오만했던 것 같다. 우물 안 개구리라는 사실을 깨달았다는 것은, 미처 그 생각을 하지 못하고 살았다는 것의 방증이기도 하다. 오만할수록 문은 닫히고, 겸손할수록 문은 열린다. 오만으로 가려져 미처 보지 못하는 것들이 생기고, 겸손함으로서 모든 것을 볼 수 있는 혜안이 생긴다.

대한민국의 27배, 드넓은 나라 카자흐스탄에서 나는 여러모로 개구리가 되어본다. 아무리 뛰어도 우물 안이라는 사실은 그만큼 더 열심히, 더 즐겁게 살아가야 할 이유가 되어주니까.

인문

카자흐스탄의
차문화

카자흐스탄에는 24개의 민족이 살고 있다고 한다. 이런 다문화 국가가 있다니. 개인적으로 다문화에 관심이 많아 2021년에 다문화심리학과에 편입하여 추가로 학사 졸업을 했는데, 다문화를 그렇게 배웠지만 카자흐스탄에 대해서는 들어본 적이 없었다. 진정한 다문화 국가가 바로 여기 있었는데도 말이다. 아무튼 다양한 민족이 거주하는 만큼 음식, 문화, 예술, 삶…… 모든 것이 굉장히 다채로운 나라이다. 차도 예외는 아니다.

알마티에 가면 마트의 차 코너는 꼭 들르길 추천한다. 다양한 티 브랜드가 있을 뿐만 아니라, 우리가 알고 있는 립톤, 아마드와 같은 영국 브랜드도 러시아 한정으로 흔히 볼 수 없는 차들이 만들어지기 때문이다. 오감이 즐거운 경험이다. 가격도 한국보다 훨씬 저렴해서 마구잡이로 담고 있는 내 모습을 발견하게 될 것이다.

1. 카자흐스탄에서 정말 많이 마시는 차 중의 하나는 타슈켄트 티이다. 타슈켄트는 우즈베키스탄의 수도를 말한다. 우즈베키스탄 스타일의 차를 타슈켄트 티라고 하는 것이다. 여러 군데에서 타슈켄트 티를 시도해보았는데, 민트와 오렌지가 기본적으로 들어 있고 그 외에 다양한 허브, 과일 등을 추가하기도 한다. 설탕을 넣어 단맛이 도는 허브

차라고 생각하면 된다. 시원하고 깔끔해서 많은 사람들이 즐겨 마시는 차다.

2. 밀크티 종류가 정말 다양하다. 우리가 흔히 생각하는 진한 밀크티보다는 조금 더 부드럽게, 향신료나 곡식을 넣어 마신다. 기장이 들어갔던 밀크티는 가장 신기했던 밀크티인데, 기장이 밀크티를 한결 부드럽게 만들어주는 것 같았다. 우리가 흔히 아는 정향, 팔각, 시나몬 등의 향신료도 많이 활용하는데, 대체로 우유의 맛이 진하고 차의 맛은 부드러운 편이다.

3. 씨벅톤 차를 많이 마신다. 씨벅톤은 우리나라에서는 산자나무라고 불리는 비타민 나무의 열매인데, 크기는 앵두보다 조금 길쭉하고 살구와 같은 색을 띠고 있다. 비타민과 항산화 물질 등이 풍부하여 건강식품으로도 많이들 찾는 씨벅톤 열매와 오렌지, 망고와 같은 과일과 향신료를 함께 블렌딩해서 마신다. 신랑은 따뜻한 오렌지에이드를 마시는 듯한 기분이라고 표현했는데 정확한 표현인 듯하다.

그 외에도 차의 종류는 무궁무진하게 다양하니 이것저것 시도해서 마셔보길 권한다. 독특하고 오묘한 조합의 차들도 있었지만 맛이 없거나 못 먹을 맛의 차는 한 번도 없었다. 새로운 도전을 좋아한다면 더 즐거울 카자흐스탄의 차문화이다.

No problem의 삶

중2 첫 중간고사를 앞둔 요즘, 아들의 표정이 무척 어둡다. 1학년 때 시험 결과를 만회하겠다는 다짐으로 게임 시간도 스스로 반납하고 누나에게 배운대로 플래너에 공부 시간을 체크하고 수행평가 준비도 열심히 하면서 제법 애를 쓰고 있는 모습이 보인다.

이번에도 스스로 계획을 세우며 그렇게 열심히 공부를 하면서도 아들은 입버릇처럼 자꾸 되묻는다. "이번 시험 망치면 어떻게 하지? 누나는 왜 이렇게 시험을 잘본 거야? 누나보다 못하면 어떻게 하지?"

이럴 때는 향기가 필요하다. 귀한 백호은침에 재스민 꽃으로 직접 향을 입힌 재스민 백호은침을 꺼내어 우려낸다. 차를 우려내는 동안 퍼져나가는 꽃향기에 아들의 표정이 다소 편안해지는 듯하다. 손수 만든 쿠키와 함께 내어주며 공통의 추억이 있는 인도 시절의 이야기를 꺼내본다.

우리가 인도에서 가장 많이 들었던 이야기 중의 하나는 no problem이었다. 온도가 40도인 여름날 에어컨이 고장났는데 한 달간 고치지 못했던 이야기, 길거리에 소가 움직이지 않아 학교에 늦을 뻔한 이야기, 홍수가 나서 집이 물에 잠긴 이야기까지. 그들은 항상 노 프라블럼이었다. 생각해 보면 그렇다. 사실 우리가 고민하고 걱정하는 것의 대부분이 걱정하지 않아도 노 프라블럼이다. 해결책을 찾으면 되는 것이고, 못 찾아도 그만이다. 생사가 걸린 일이 아닌 이상 그렇게 걱정하지 않아도 될 일인 경우가 부지기수이다.

아들에게 걱정하지 말라고, 노력은 배신하지 않는다는 말이 있다고 말해준다. 하지만 그 노력이 진정 빛을 발하는 것은 이번 중간고사가 아닐 수도 있다고. 우리네 인생은 너무 길어서 당장 눈앞의 결과에 급급해할 필요가 없다고. 당시에는 눈앞의 시험이, 그리고 대학 입시가 마치 우리 삶의 전부인 것처럼 느껴지겠지만, 삶은 생각보다 길다고. 그렇다고 두 손을 놓고 있는 게 아니라 지금 이 시간에 충실하게 노력하고 있지 않느냐고. 그럼 그것만으로도 충분하다고.

성적, 성과, 결과, 숫자가 중요한 듯 보이는 세상이지만 나는 여전히 그 외의 것들에 더 가치를 두고 살아가고 싶다. 가치란 모두에게 다르기 때문에. 세상의 가치와 잣대 대신 나의 가치와 잣대로 살아가는 삶이야말로 행복 지수가 높아지는 삶이 아닐까?

아이들이 부디, 세상의 잣대에 지치지 않고 스스로의 가치 잣대로 삶을 살아갈 수 있으면 좋겠다. 그럼에도 불구하고 세상의 잣대를 무시할 수 없을, 중간고사를 열심히 준비하느라 스트레스를 받고 피곤에 찌든 고등학생 딸과 중학생 아들을 응원한다.

중간고사를 망치면 어떻게 하냐고? 노 프라블럼. 다음 시험에서 더 잘하면 된다. 다음 시험도, 다음 시험도, 입시도 망치면 어떻게 하냐고? 노 프라블럼. 나만의 길을 찾을 수 있으면 된다. 단 매일에 충실하고, 꾸준히 최선을 다하는 삶을 살아가고 있다면 말이다. 그 태도와 자세를 배우고 있기에, 너희들의 학창 시절은 성공적이라고 얘기해 주고 싶다.

인문

재스민차란?

중국집이나 베트남 음식점에 가면 늘 꽃향기가 은은하게 나는 재스민차를 내어준다. 재스민차는 차(tea)일까? 아니면 꽃차일까?

재스민 꽃을 꽃만 우려 마시거나 블렌딩으로 쓰는 경우도 간혹 있기는 하지만, 보통 재스민차라 함은 녹차, 백차, 우롱차, 홍차 등에 재스민 향기를 입힌 것을 뜻한다. 그러니까 차(tea)가 맞다는 뜻이다. 전통적으로는 찻잎과 꽃잎을 뒤섞어 자연스레 향이 배어들도록 한 후에 꽃잎을 일일이 다 골라내고, 새로운 꽃잎을 다시 넣어 여러 번 음화 과정을 통해 만들지만 간단하게 오일을 사용해 음화 과정을 반복하기도 한다.

전통 제다로 여러번 음화를 해서 만든 재스민차의 향기는 황홀 그 자체이다. 시간과 노력이 들어간 만큼 결과물이 흡족스럽다. 인위적이지 않고 순식간에 황홀해지는 재스민차를 만난다면 그저 탄복하며 마시면 된다.

녹차에 재스민 향기를 입힌 재스민 녹차를 가장 흔하게 볼 수 있지만, 싹으로만 만든 귀한 백차 백호은침에 재스민 향기를 입힌 재스민 백호은침은 개인적으로 가장 매력적이라고 생각한다. 솜털 가득한 백호은침의 여리고 섬세한 풍미에 재스민의 향이 입혀져 아찔할 만큼 아름다운 향기를 선사해 준다. 같은 이름이라고 해도 등급에 따라 천차만별로 다른 맛과 향기를 선사해주니, 그간 재스민차가 별로라고 생각했다면 믿을 만한 곳에서 좋은 등급의 재스민 백호은침을 마셔보길 권한다.

차의 향기만으로도 충분히 아름답지만, 같은 자연에서 온 차와 꽃이 완벽하게 어우러진 한 잔의 차는 오감을 가득 채우는 힐링을 선사해 준다. 방금 전까지 골머리를 앓고 있던 일이 꽃향기에 사르르 묻혀 잠시나마 평온한 순간을 누릴 수 있을 것이다.

알고 마시면 더 맛있다?

도서관이나 기업체, 기관 출강을 나가면 제일 먼저 설명하는 것이 바로 '차의 정의'이다. 일상찻집으로 나를 찾아오는 분들은 어느 정도 차에 대한 지식과 관심이 있는 분들이 대부분이지만, 출강을 나가면 차를 처음 접하시는 분들도 많고 차에 대해 전혀 관심이 없는 분들도 많기 때문이다. 차에 대한 설명으로 강연을 시작하면 다들 "아하" "오!" "그렇구나" 등의 다양한 감탄사를 내뱉거나 고개를 끄덕거리며 신기한 듯 눈을 반짝이곤 한다.

차, 커피, 위스키, 와인, 전통주…… 이 모든 마실 것들은 기호식품으로 분류가 된다. 기호식품이란 것은 사람 몸에 필요한 영양소가 있는 것은 아니지만 특유의 향기나 맛 등이 있어 즐기고 좋아하는 식품을 의미한다. 하지만 사실 차는 기호식품이기 이전에 약으로서 음용되어 온 역사가 상당히 긴 음료이기는 하다. 기호식품, 그러니까 음료로서 음용되기 시작한 것은 당나라 이후의 일이었다.

기호식품이란, 그것이 무엇인지 잘 몰라도 취향껏 즐길 수 있는 것을 말한다. 그야말로 개개인의 기호에 따라 선택할 수 있다는 뜻이다. 와인을 몰라도 마트에서 골라 마실 수 있지만, 테이스팅하는 방법, 나라별 특징 등을 알게 되면 더욱 폭넓고 깊게 와인을 즐길 수 있다. 하지만 몰라도 전혀 문제 될 것은 없다. 하지만 신기하게도 기호식품은 알면 알수록 향유할 수 있는 즐거움의 크기가 달라진다. 정말 그렇다.

그래서 차를 무턱대고 마시기 시작하다가, 제대로 우려 마시는 방법을 익히고, 분류를 하며 조금 더 깊이 있게 알고 즐기고 싶어 하는 분들이 계신다. 꼭 직업을 갖기 위해서, 일을 하기 위해서가 아니라, 내 취미 생활을, 내 일상을 더욱 풍요롭게 즐기기 위해서 말이다. 지식욕구는 인류가 갖고 있는 가장 고유한 영역 중의 하나가 아닌가. 나 역시도 취미에서 시작했던 차를, 해외 논문과 서적들을 뒤져가며 공부하기 시작해서 지금에 이르게 되었다.

누군가의 삶을 더욱 풍요롭게 만들 수 있는 일은, 내 삶 또한 풍요롭게 만들어준다. 그래서 차를 가르치는 일에 더욱 마음을 담고, 또 끊임없이 배우고 익힌다. 17년 차를 공부했지만 여전히 부족함을 느끼고, 여전히 책임감을 느낀다. 내가 가르치고 전달하는 것들이 누군가의 삶에 큰 영향을 미치게 되니까 말이다.

앎의 영역을 전달하는 교육자로서 열을 알고 하나를 가르치는 것과, 하나를 알고 하나를 가르치는 것은 다르다는 생각을 끊임없이 되뇌인다. 진정한 차 한 잔의 매력을 오롯이 느낄 수 있도록 제대로 안내하고 싶은 욕심이 있다.

물론, 차는 여전히 기호식품이다. 몰라도, 내가 좋으면 그만이다. 아는 것이 즐기는 것을 넘어서는 순간, 즐거움은 반감되기도 하니까. 그래서 항상 그 사이에서 아슬아슬하게 줄다리기를 하는 것 같다. 우리 삶의 모든 면이 그렇듯, 중용은 언제나 어렵다. 이럴 땐 그냥, 차 한 잔을 우려내 먼 산을 바라본다. 답이 보이는 듯하다.

인문

차란 무엇인가

나에게 차는 일상이자 여유이다. 내 삶에, 우리 가족의 삶에 깊이 자리를 잡은 가장 행복하고 여유로운 시간, 더불어 우리의 일상이 된 시간이 바로 '차'와 함께 하는 시간이다. '차'를 떠올리면 각자 연상되는 단어가 있을 것이다. 물론 정답은 없다. 차는 그 무엇도 될 수 있으니까. 하지만 여기서는 '차의 정의'에 대해서 이야기해보고자 한다.

세상 모든 단어들에 '정의'가 있듯 차도 그 정의가 있다. 국립국어원의 표준국어대사전에 따르면 한국어로 '차(茶)'는 두 가지 뜻을 가지고 있다. 하나는 '차나무의 어린잎을 달이거나 우린 물'로서 서양에서 tea라고 부르는 것이고, 다른 하나는 '식물의 잎이나 뿌리, 과실 따위를 달이거나 우리거나 하여 만든 마실 것을 통틀어 이르는 말'이다. 이는 서양에서는 herbal infusion(편의상 herbal tea라고 하기도 한다), 혹은 tisane으로 부르고 있다. 실제로 우리는 일상생활에서 "차 한 잔 하자"라는 말을 자주 사용하곤 한다. 여기서 차는 반드시 'tea', 그러니까 첫 번째 차를 의미하지는 않는다. 커피와 같은 음료를 총칭하는 단어로 '차'를 사용하는 것이다.

나는 이것을 좁은 의미의 차와 넓은 의미의 차로 나누어 설명하곤 한다. 다시 말하면 좁은 의미의 차는 tea로 해석되는, 차나무의 잎을 음료로 가공한 것을 뜻하며 여기에는 녹차, 백차, 황차, 청차(우롱차), 홍차, 흑차(대표적으로 보이숙차가 있다)가 포함된다. 녹차는 불발효차, 백차는 약발효차, 황차는 경발효차, 청차는 반발효차, 홍차는 완전발효차, 흑차는 후발효차로 이해할 수 있다. 흑차처럼 미생물에 의해 발효가 일어나는 차를 제외한 나머지는 '발효'가 아닌 '산화'로 이해하면 되겠다. 중국에서 전발효, 후발효로 산화와 발효를 구분하다 보니 용어 정착이 잘못되어 나타난 오류이다. 그리고 넓은 의미의 차에는 한국의 생강차, 대추차와 같은 대용차부터 허브차, 루이보스차와 같은 차나무의 잎이 아닌 다른 재료로 만든 음료를 뜻한다.

그래서 좁은 의미의 차와 넓은 의미의 차는 재료가 다르기에 성질 또한 다르다. 녹차, 백차, 황차, 청차, 홍차, 흑차는 중국에서 처음으로 만들었고 6대 다류라는 이름으로 불리기도 한다. 지금도 6대 다류를 모두 온전히 만들 수 있는 나라는 중국밖에는 없었지만, 기술이 발전하고 세계적으로 차가 유행하면서, 이제는 우리나라에서도 6대 다류와 비슷한 차들이 만들어지고 있다.

차나무의 학명은 카멜리아 시넨시스(*Camellia sinensis* (*L.*). *O. Kuntze*)라고 한다. 하지만 그 종류는 무척이나 다양하다. 차나무 종류가 한 가지가 아니라는 뜻이다. 그래서 위도가 다양하고 땅이 큰 중국은 각 나무의 성격에 맞게 6대 다류를 일찍이 만들 수 있었고, 우리나라는 기후변화가 시작되면서 차나무 품종을 늘리고 차의 종류도 다양화시키는 데 박차를 가하고 있기에 더 다양하고 재미있는 차의 등장을 기대해볼 만하다.

섬세함의 끝판왕, 봉황단총 vs 사춘기 딸

영어 표현에 stand in one's shoes라는 말이 있다. 누군가의 입장이 되어본다는 뜻이다. 사실 내가 그 입장이 되지 않고서야, 그 입장에 있는 누군가를 100% 이해할 수는 없는 노릇이다. 이해하려고 애를 쓰고 공감하려고 노력하는 것이지, 온전히 이해하게 되는 것은 내가 비로소 그 입장이 되었을 때이다.

아이들이 어릴 때에는 쫓아다니느라 눈을 뗄 수 없고, 말이 통하지 않아 답답하고, 떼를 쓰는 걸 훈육하면서 힘들어했던 시기가 있었다. 이유식을 만들어 먹이는 것도 보통 일이 아니었고, 신경을 곤두세우며 좋은 습관을 만들어주고, 예쁜 말만 하면서 아이들을 보살피려고 노력했다. 그 시기만 지나면, 모든 것이 훨씬 수월해지리라 생각하던 시절이 있었다.

하지만 역시 사람은 모든 것을 겪어봐야 알 수 있다. 아이들이 어릴 때는 아무것도 아니라고 고개를 흔들던 동네 언니들의 마음을 이제야 알 것 같다. 어린 아이들은 오히려 쉬웠던 시기였다. 사춘기, 입시, 이 모든 것들이 시작되면서 육아는 전혀 다른 흐름으로 흘러가게 된다.

어린 아이들에게 우린 종종 스폰지라는 표현을 한다. 스폰지가 물을 흡수하듯 모든 것을 흡수한다고. 그래서 부모는 아이들의 거울이니 말도, 행동도 조심해야 한다. 그렇다면 내 자신에 대해 고민하고, 내 자신에 대한 의식이 생기는, 즉 자아가 생기는 사춘기는 스폰지가 꽉 차도록 흡수한 물을 다시 짜내는 시기인 것 같다. 스폰지의 물을 짜내어야 새로이 물을 흡수할 수 있을 테니까 말이다.

딸은 정말 털털한 아이였다. 치마를 싫어하고 오직 바지에, 파란색에, 운동화만 신던 활달한 아이였고, 자신을 따돌리려고 하던 친구들에게조차도 '쿨'하던 아이였다. 그런 딸은 사춘기가 시작되고, 입시 스트레스에 휩싸이는 고등학생이 되자 언제 그랬냐는 듯 예민하고 날카로운 면모를 드러내기 시작했다. 송곳으로 찌르는 듯한 말투에, 이성을 잃은 적이 한두 번이 아니다. 하지만 세상 모든 것이 양면성을 갖고 있듯, 예민함으로 표현되는 태도가 딸아이의 글에서는 섬세한 감정선으로 드러나 문득문득 깜짝 놀랄 만큼의 문장력과 표현력을 드러내곤 한다. 실제로 딸은 문학 동아리 기장으로도 활동 중이고 글쓰는 시간이 가장 힐링이 되는 시간이라고 말하곤 한다.

그런 딸이 좋아하는 차 중에 봉황단총이라는 차가 있다. 이 차는 굉장히 섬세하고 까탈스러워 조심스러운 물줄기로 살살 다루어주어야 그 진면목이 드러나곤 한다. 거칠고 무심하게 우려내면 그 아름다운 향기가 사라져 버리고 마는 것이다. "선생님이 우려주는 봉황단총은 제가 우리는 것과 너무 달라요." 수강생분들에게 종종 듣는 이야기이다. 봉황단총을 살살 달래며 잘 다루었을 때 본연의 향기를 뿜어내듯, 예민한, 아니 섬세한 딸아이의 진면목을 드러나게 하려면 어떻게 달래야 할까. 종종 딸을 위해 봉황단총을 우려내며 생각해 보곤 한다. 엄마가 우려낸 봉황단총을 한 모금 마시고 환한 얼굴로 감탄을 내뱉는 딸아이를 보며 생각한다. 섬세함의 끝은 어디인가!

레시피

봉황단총
맛있게 우리기

봉황단총은 중국 광동성 조주시 봉황산 일대에서 생산되는 우롱차를 이야기한다. 봉황단총은 크게 영두산에서 만들어지는 영두단총과 오동산에서 만들어지는 오동단총으로 나누어지는데 둘 다 통틀어 봉황단총이라고 부른다. 봉황단총은 이 지역을 대표하는 봉황수선이라는 차 중에서 단주 채엽을 하며 품질이 우수한 최고 등급의 품종을 의미한다.

봉황단총을 테이스팅하는 데 있어 가장 중요한 것은 단주 채엽, 그러니까 한 나무에서 채엽을 했는지 여부이다. 요즘은 다른 다류에서도 단주 채엽에 대해 이야기 하지만, 사실 중국에서 단주 채엽에 대해 이야기하는 것은 봉황단총이 가장 오래되었다.

봉황단총을 맛있게 우리는 팁은 물줄기를 최대한 조심스럽게 사용하는 것이다. 우롱차는 기본적으로 100도의 물을 사용한다. 사용하려는 차도구(개완을 추천한다)를 최대한 뜨겁게 예열한 후 건차 4~5g을 넣는다. 100도의 물을 가장자리 부분으로 돌려서 부어주는데, 최대한 찻잎을 건드리지 않도록 한다. 그리고 5초, 10초, 15초…… 5초씩 늘려가며 우려 마신다. 봉황단총은 내포성이 아주 좋은 차이기 때문에 여러 번 우려 마셔도 좋다.

간편한 차도구인 표일배나, 작은 티포트인 차호를 사용해도 좋지만, 가장 맛있게, 가장 균형감 있게 우려 마실 수 있는 차도구로는 개완을 추천한다. 봉황단총의 찻잎은 길죽하기 때문에 차호에 넣다 바스라지면 쓴맛이 도드라질 수도 있다.

품질 좋은 봉황단총은 향기만 솟구치는 것이 아니다. 맛과 향의 균형이 무척 좋아서 입안 가득 묵직함이 느껴진다. 단총의 그 향기가 물 안에 잠겨 내 몸 안에 스며드는 것이야말로 진정한 단총의 향기라고 이야기한다. 단총이 갖추어야 할 모든 것들을 갖추고 있을 때 비로소 산운이라는 표현을 한다. 산운이 느껴지는 봉황단총은 마시는 순간 산 꼭대기에서 산 아래를 바라보는 것처럼 시원하고 상쾌한 느낌이 입안 가득 퍼져나간다. 산 정상에 올라 먼 발치를 내려다볼 때의 희열, 상쾌함, 단총 본연의 향기가 온몸에 긴 여운을 남긴다.

이 세상의 티 브랜드처럼 다채롭게

티마스터 자격증 과정 수업 중에서 많은 분들이 흥미로워하는 시간 중의 하나는 세계의 브랜드 티를 만나는 시간이다. 세상에 이렇게 많은 브랜드 티가 존재한다는 사실에 놀라고, 각각 이렇게나 서로 다른 맛과 향을 선사해 준다는 사실에 두 번 놀라신다. 나는 차를 17년 가르쳐왔지만, 인도에서 4년간 거주하며 우물 안 개구리였다는 사실을 깨달았고, 지금도 여행지를 갈 때마다 그 사실을 새로이 깨닫는다. 한국에 알려져 있거나 수입되고 있는 브랜드의 티들도 많지만, 세상에는 그보다 훨씬 더 다양한 티 브랜드가 존재한다는 사실 때문이다.

전 세계의 수많은 티 브랜드를 볼 때마다 이 세상 사람들의 생각과 취향은 이토록 다양해서 새로운 것을 만들고 또 만들어도 끝이 없다는 생각이 든다. 그 다양성이 존중받고, 그 다채로움이

인정받는 사회는 우리의 삶을 훨씬 더 활기차게 만드는 것 같다는 생각을 해본다.

입시와 직결되는 고등학생 딸이 있다 보니, 그 속에서 아등바등 애를 쓰는 아이들의 모습을 보며 늘 안쓰러운 마음이 든다. 학생이니까 공부를 해야 하는 것은 맞다고 생각하지만, 모두가 다 명문대를 갈 수는 없는 노릇이다. 아이들의 성정과 재능, 좋아하는 것보다는, 오직 대입이라는 목표를 위해 생기 없는 눈으로 걸어가는 아이들의 모습을 보면 안타까운 마음이 든다. 대입은 인생의 목표가 아닐 텐데 말이다. 오죽하면 '5세 고시'라는 말이 나왔을까.

그럼에도 세상은 변해가고 있다. 여전히 입시와 좋은 대학을 목표로 달려가는 이들이 있는 반면에, 일찍이 자신이 좋아하는 일을 찾아 업으로 삼고 있는 이들이 늘어나고 있고, 국가에서도 청년들이 반짝이는 아이디어를 펼쳐나갈 수 있도록 다방면으로 지원해 주고 있다. 완벽함이란 사람의 미덕이 아니기에, 그 어떤 길도, 그 어떤 정책도 완벽할 수는 없지만, 변화하고 있는 모습을 바라보는 것이 참으로 즐겁다.

이 세상에 차의 종류가 이처럼 다채로운데, 고개를 들어 저 멀리 산을 바라보아도 그 어떤 나무 하나 똑같이 생긴 것이 없는데, 봄이 되면 피어나는 꽃의 종류가 이처럼 다양한데, 하물며 사람이, 모두가 똑같은 길을 간다는 것은 말이 되지 않는다.

   이 세상에 우리가 모르는 티 브랜드가 이토록 많은 것처럼 세상에 얼마나 다양한 삶의 형태가 존재하고, 얼마나 다양한 직업이 존재하는지 우리는 감히 상상조차 할 수 없다. 그 안에서 우리가 해야 할 일은, 나다운 길을 찾아가는 것이다. 나만의 색깔과 나만의 스토리로 만들어가는 내 길은 그 누구의 것도 아닌 내 자신의 삶이다. 같지 않다고 해서 흔들릴 필요도, 불안해할 필요도 없다. 그 어떤 삶도 똑같은 삶은 없기에.

   다채로움이란 사람의, 아니 자연의 진리이다.

레시피

브랜드 홍차
맛있게 우리는 법

브랜드에서 나온 홍차는 한국, 중국, 대만, 일본의 차와는 조금 다른 부분이 있다. 물론, 요즘은 브랜드에서도 품질이 좋은 동양의 차를 많이 다루고 있지만, 여기서는 얼그레이, 잉글리시 브렉퍼스트 등의 일반적인 브랜드 홍차에 대한 이야기를 해보고자 한다.

영국, 독일, 프랑스, 일본 등 브랜드에서 나온 홍차들은 찻잎의 크기에 따라 레시피를 달리 한다. 잎이 크면 클수록 우러나오는 속도가 느리고, 작으면 작을수록 우러나오는 속도가 빠르기 때문이다. 게다가 유럽, 특히 영국의 티 브랜드는 경수를 기준으로 하는 레시피를 제안하고, 대부분 밀크티로 차를 마시기 때문에 그 레시피대로 한국의 연수에서 우리면 쓰고 떫어지는 경우가 대부분이다. 그래서 여전히 많은 사람들이 홍차는 쓰고 떫다고 생각을 한다. 하지만 제대로 우리면, 정말 향긋하고 고급스러운 홍차 한 잔을 즐길 수 있다.

찻잎의 크기에 따라 홍차는 다음과 같이 분류할 수 있다. 크기별로 우리는 시간을 달리하지만, 사실 차마다, 그리고 취향에 따라 우리는 농도는 달라질 수 있다. 같은 차라도 진하게 마시는 걸 좋아하는 사람이 있고, 연하게 즐기는 걸 좋아하는 사람이 있기 때문이다. 기본 레시피대로 우려 마시고, 취향껏 조절하는 것을 추천한다.

호울 리프 (whole leaf)	온전한 잎. 기계 작업을 하기에 찢긴 경우도 있지만 보통 2~3cm로 잎이 크다. 차 3g 기준 물 300ml에 시간은 4분을 권한다.
브로큰 (broken)	호울 리프보다 작은 1~2cm로 잘라진 잎. 차 3g 기준 물 300ml에 2~3분을 권한다.
더스트/팬닝스 (dust/fannings)	가루 형태의 자잘한 잎. 차 2g 기준 물 300ml에 시간은 1~2분을 권한다. 물을 살살 부어준다.
ctc	동글동글 말린 형태의 잎. 빠르고 진하게 우리나 밀크티를 우리기에 좋은 잎이지만 우유 없이 즐겨도 좋다. 그런 경우 더스트와 같이 차 2g 기준 물 300ml에 시간은 1~2분을 우려준다. 물을 살살 부어준다.

홍차는 보통 100도의 물에 우리는 것이 일반적이라고 알려져 있지만 이 역시 취향이다. 부드럽게 즐기고 싶다면 물 온도를 낮춰서 우려준다. 진한 풍미를 좋아하면 100도에 우려내면 된다.

차를 맛있게 우리는 골든룰은 취향에 따라 달라진다. 일반적으로 차를 맛있게 우리는 방법도 물론 존재하지만, 결국 차는 기호식품이다. 내 취향에 따라, 내 입맛에 따라 달라질 수 있다는 것을 기억하면 조금 더 즐겁게 차를 마실 수 있다.

> Tip

브랜드 홍차 구입하는 방법
나의 17년 단골 앨리스 키친. 다양한 브랜드의 샘플러와 수입되고 있는 브랜드 차를 만나볼 수 있다. https://alicekitchen.co.kr/

편견을 갖는다는 것은

얼마 전 블로그에 무척이나 감동적인 댓글이 하나 달렸다. 13년 전에 내 블로그를 통해 처음으로 홍차 티백을 맛있게 우려 마시는 방법을 배운 이후로 사무실에서 그 방법을 전파하여 모두가 홍차를 맛있게 즐기게 되었다는 이야기, 더불어 자신은 지금 차를 사랑하는 차 애호가가 되었다며, 그때 감사의 인사를 전하고 싶었는데 블로그를 하지 않아 마음만 간직하다가 이번에 네이버에 가입하면서 댓글을 달러 찾아오셨다는 글이었다. 13년 만의 감사 인사를 전하는 그 글에 마음이 뭉클해졌다.

티클래스, 그러니까 차 교육을 17년째 해오고 있지만 그때나 지금이나 변함없이 많이 듣는 이야기는 '홍차는 쓰다'이다. 그 이유는 아마도 사무실에 구비되어 있거나 마트에서 쉽게 살 수 있는 티백 제품을 제대로 우려 마시는 방법을 모르기 때문이기도 하고, 티백보다 좋은 품질의 홍차를 만날 일이 적기 때문이기도 할 것이다. 티클래스를 진행할 때 가장 많은 감탄을 자아내는 시간이 바로 중국 홍차를 만나는 시간이다. 홍차가 이렇게 부드럽고 향긋할 거란 생각을 해본 적이 없다고. 나는 지금까지 홍차를 싫어했는데, 이제부터 홍차를 좋아하게 되었다는 이야기를 참 많이 듣는다.

한국, 일본, 대만 등지에서 만든 홍차, 그리고 프랑스에서 만든 홍차는 영국 브랜드의 홍차와는 조금 다르다. 영국 브랜드의 홍차들은 기본적으로 밀크티를 위해 만들어지다 보니 차가 진하고 쓰고 떫다. 우유를 넣었을 때 최적화가 되어 있는 차들이 훨씬 더 많이 팔린다. 하지만 동양권의 홍차는 산화도도 상대적으로 낮아 향이 좋고 맛은 상대적으로 부드럽다. 쓰고 떫다는 생각을 할 수 없는 홍차이다. 이런 홍차가 최근에는 많아졌음에도 불구하고 홍차에 대한 편견 때문에 홍차를 잘 드시지 않는 경우들이 많다. 수업에서 마신다고 하니 할 수 없이 마셔보고, 깜짝 놀라곤 하는 것이다.

차와 함께 하는 생활을 하면서 가장 많이 생각하는 것은 '편견을 갖지 말자'이다. 세상은 우리가 생각하는 것보다 훨씬 더 다채롭기 때문이다. 편견이란 가지면 가질수록, 나의 세상이 좁아지게 된다는 것을 깨닫게 된 것이다. 부드럽게 입안을 감싸주고 꽃향기가 퍼져나가는 홍차, 입안 전체가 시원해지며 상쾌함이 가득한 홍차, 묵직하게 입안을 꽉 채워 주지만 무척이나 부드러운 홍차…… 쓰고 떫다는 단어로 단정짓기엔 이 세상에 너무나 다양한, 수천 아니 수만 가지의 홍차가 존재한다.

홍차가 쓰고 떫다는 것은 편견에 지나지 않는다. 편견을 버리면 더 넓은 세상이 눈앞에 펼쳐지게 된다. 홍차 한 잔에 감동하게 되는 순간처럼, 삶의 매 순간에 감동과 즐거움이 더해질지도 모른다.

레시피

중국 홍차
맛있게 우리는 방법

1. **동양식 우림법**

    중국 홍차를 우릴 때에는 기본적으로 개완이나 차호(작은 티포트)와 같은 중국의 차도구를 사용하는 것을 권한다. 용량은 120ml 전후의 작은 차도구들이다. 다른 차와 마찬가지로 4~5g의 찻잎을 사용한다. 5초, 10초, 15초…… 시간을 초 단위로 조금씩 늘려가면서 우린다. 찻잎을 적게 사용하면 더 부드럽게 즐길 수는 있지만 내포성, 그러니까 차를 오래 우려 마실 수 있는 정도가 낮아진다. 그래서 기본적으로 4g 이상의 찻잎을 사용하는 것이 좋다.

    물의 온도는 홍차마다 달라지고 취향에 따라 달라질 수 있다. 진하고 깊은 맛을 원하면 100도에, 그보다 조금 더 부드럽고 향기가 좋은 홍차를 선호하면 90도로 낮춰서 우려주어도 좋다. 그날의 날씨나 기분에 따라 변주를 주어도 좋다. 기호식품의 좋은 점은 바로 이런 것에 있다.

동양식 우림법의 장점은 짧게 짧게 우리면서 맛의 변화를 즐길 수 있다는 점이다. 더불어 작은 차호에 우리기에 차가 식지 않고 계속 따뜻하다는 점이 있다. 시간적 여유가 있고 차의 맛에 오롯이 집중하고 싶다면 동양식 우림법을 추천한다.

2. **서양식 우림법**

   모든 동양의 차는 서양식으로 우릴 수 있다. 가장 기본이 되는 차 3g, 물 300ml, 시간 3분의 법칙으로 우리면 모든 차를 편안하게 즐길 수 있다. 물의 온도는 위의 동양식 우림법과 동일하다. 취향에 따라 선택하면 된다. 또한 찻잎과 물의 양도 조절이 가능하다. 조금 더 진하게 마시고 싶다면 4~5g을, 조금 더 연하게 즐기고 싶다면 물 양을 400ml로 늘려준다. 찻잎을 아끼겠다고 2g을 넣으면 오히려 맛이 너무 밍밍해지는 경우가 종종 있다. 그래서 서양식 우림법에서도 기본 찻잎의 양은 3g을 권한다.

서양식 우림법의 장점은 한 번에 많은 양을 우려두고 편하게 즐길 수 있다는 데에 있다. 단, 한 번에 우려두다 보니 차가 식을 수도 있어 이럴 때는 워머나 티코지를 사용하면 좋다.

차는 기호식품이다. 정답보다는 취향이 더 중요하다고 볼 수 있다. 차를 교육하는 입장에서는 언제나 '기준'을 가르치고 있지만 일상 속에서 차를 즐길 때에는 나의 취향처럼 중요한 것은 없으니 편안하게 즐기는 것부터 시작해보면 좋겠다.

내려놓기

차를 마시면서부터 봄이 특히 더 기다려지곤 했다. 겨우내 움츠러져 있던 생명력이 발산되는 시기, 세상 모든 곳에서 그해의 첫 차인 첫물차, 그러니까 올해의 햇차들을 만드는 시기가 바로 봄이다.

우리나라와 중국에서는 청명과 곡우를 기점으로 하여 햇 녹차들이 생산되기 시작한다. 올해는 날이 많이 추워서 곡우가 지나고 나서야 하동에서 차를 만들기 시작했지만 말이다. 이상 기온이 한 치 앞을 내다볼 수 없게 만든다. 애타게 기다려 만난 햇차는 더욱 반가웠다.

중국에서도 햇 녹차들이 쏟아져 나온다. 중국은 아무래도 우리보다 땅이 넓다 보니 만들어지는 녹차의 종류가 다양하다. 그리고 제다법과 우림법 또한 한국의 녹차와는 다른 부분이 있다.

한국 녹차처럼 솥에 덖어 만들어 구수함이 살아 있는 녹차가 있는 반면에, 제다법이 아예 달라 맑고 깨끗함에 향기를 더한 녹차도 있다. 혹은 일본처럼, 증기를 쐬어 만든 증청 녹차도 존재한다. 차의 고향이 아니랄까 봐, 온갖 종류의 녹차가 다 존재한다.

그중에서 솜털이 가득하고 보송보송한 벽라춘은 아이들이 어릴 때부터 참 좋아하던 녹차이다. '라춘이, 라춘이'라고 부르며 옥색 단추로 장난감 티포트를 가득 채우며 차를 우리는 시늉을 하던 딸아이의 5살 꼬꼬맹이 시절을 기억한다. 향기가 너무 좋아 사람을 죽일 수도 있다 하여 하살인향이라는 무시무시한 이름이었는데, 이 차를 너무 좋아하던 강희 황제가 '벽라춘'이라는 곱고 예쁜 이름을 하사해 주었다고 한다. 무협지나 중국드라마를 보더라도 종종 등장하는 소재이다.

중국의 녹차는 투명한 유리잔에 우린다. 그 이유는 작고 어린 싹과 잎이 피어나는 모습을 감상하기 위함이기도 하고, 중국 녹차의 향기를 가득 담아내기 위함이기도 하다. 녹차마다 우리는 방법이 달라지는데, 벽라춘은 상투법이라는 우림법을 사용한다. 상투법이란 유리잔에 뜨거운 물을 붓고, 찻잎을 물 위에 그대로 내려놓는 것이다. 물을 머금은 찻잎이 하나, 둘, 유리잔 아래로 떨어지면서 향기를 물 안에 가득 풀어놓는다.

나는 벽라춘을 우릴 때마다 '내려놓음'이라는 단어를 생각한다. 찻잎을 물 위에 내려놓으면 그것으로 끝난 것이 아니다. 찻잎은 자신의 할 일을 하며 맛있고 향긋하게 차를 우려낸다. 내려놓는다는 것은 이처럼 무언가를 온전히 맡긴다는 뜻이 아닐까. 나의 욕심과 아집, 고민을 내려놓고 비워내면, 그때 의미 있는 무언가가 시작된다.

라춘이를 좋아하던 아이를 키우며, 엄마로서 '내려놓기'에 대한 생각을 참 많이 했던 것 같다. 벽라춘을 우릴 때마다, 마음을 내려놓으며, 내 뜻대로 아이들을 키우고자 했던 욕심을 내려놓기를 수십 번, 수백 번…… 마음 수양처럼 그렇게 벽라춘을 우려내며 내려놓기를 반복한 지금, 아이들은 스스로의 힘으로, 스스로의 생각으로, 그렇게 스스로의 삶을 만들어가고 있다. 벽라춘을 물 위에 내려놓았을 뿐인데, 더없이 향기로운 녹차가 완성되듯이 말이다.

레시피

중국 녹차
맛있게 우리는 방법

중국 녹차는 기본 차도구를 유리로 사용하는 것이 좋다. 실제로 나에게 중국 녹차를 받아가 너무 맛이 없다고 연락이 왔던 수강생분이 계셨다. 알고 보니 한국 녹차를 생각하며 중국의 녹차를 한국의 도자기 다관에 우렸던 것이다. 나의 말대로 유리에 다시 같은 차를 우려 마시고는 이게 정말 같은 차가 맞느냐고 놀라면서 전화가 왔던 에피소드가 있다.

중국의 녹차는 차마다 우림법이 조금씩 달라지기는 하지만 기본적으로 1:50~60 비율로 우려주는 것이 좋다. 그러니까 찻잎 3g에 물 150ml~200ml이다. 물 온도는 85도로 낮추어 우린다. 뚜껑을 덮지 않고 유리잔이나 유리 공도배에 우리는 것을 추천한다. 본문에도 언급했지만 중국 녹차는 시각적인 감상 포인트를 위해 유리 차도구를 사용하는 것을 권장한다. 더불어 향기의 발산을 최적화할 수 있는 차도구이기도 하다. 보온이 잘 되어야 맛있는 우리나라의 녹차와 달리 온도를 떨어뜨리면서 우려냈을 때 균형이 좋다.

우리는 시간은 2분이다. 중국의 다른 차들을 초 단위로 우리는 것과 달리, 녹차는 분 단위로 우려준다. 처음 우렸을 때 가장 맛있지만, 좋은 녹차라면 두세 번 우려 마셔도 좋다. 두 번째는 3분으로 시간을 조금 늘려준다.

중국인들은 차를 마시는 속도가 빠르고, 물이 좋지 않아 차가 우러나는 속도도 우리나라보다 느리고, 뜨거운 것도 참으로 잘 마시기에, 유리잔에 그대로 뜨거운 물을 다시 채워가며 차를 마시지만, 한국에서는 조금 더 편하게 마시기 위해 유리잔에 우러난 녹차를 거름망에 걸러 공도배에 담아주는 것이 좋다. 잔은 탕색을 감상할 수 있는 흰 도자기잔이나 유리잔 모두 추천한다.

매년 다즐링에 갑니다

차를 본격적으로 시작한 2007년부터 지금까지 가장 많이 들었던 질문 중의 하나는 '무슨 차를 제일 좋아하세요?'이다. 모든 차를 좋아하지만 변함없이, 꾸준히 좋아해 온 차 중의 하나는 다름 아닌 다즐링이다. 인도에 가기 전부터 너무나 사랑했던 다즐링, 인도 거주 시절에 그곳에 다녀온 이후로 그 매력에 흠뻑 빠지게 되었다. 그래서 코로나 시기가 지난 후, 매년 소규모로 다즐링 여행을 다녀오고 있다. 인도에 대한 준전문가적인 지식과 인도 50여 곳을 여행 다닌 경험을 바탕으로, 다즐링을 가고 싶다는 나의 사적인 욕심도 채우면서, 그렇게 매년 다즐링을 여행하고 있다.

다시 한번 말하지만 우리는 얼마나 많은 편견에 사로잡혀 살고 있는가. 다즐링에 처음 발을 디딘 모든 분들의 첫 마디는 "인도 같지 않다"이다. 인도 같다는 생각은 우리나라보다 30배나 넓은 그곳에 대한 몇 가지 뉴스로 고착되어 버린 편견이다. 다즐링은, 자연이 살아 숨쉬는 정말 아름다운 곳이다.

한국에는 많이 알려져 있지는 않지만, 히말라야 산맥 등지에 위치한 다즐링은 전 세계적으로 유명한 관광명소이다. 차와 자연, 트래킹을 즐기기 위해 전 세계 곳곳에서 외국인들이 몰려든다. 다즐링은 도시가 아닌 차밭에 둘러싸인 그야말로 자연 그대로의 모습을 간직하고 있는 곳인 만큼, 대형마트나 대중교통, 고층빌딩과 같은 도시적인 모습은 찾아볼 수 없다. 그야말로 탁 트인 드넓은 차밭과 만년설산인 칸첸중가의 풍경을 즐길 수 있는 곳이다.

다즐링에서의 시간은 언제나 천천히 흐른다. 바람의 숨결, 나비의 날갯짓, 바람에 차나무가 흔들리는 소리, 이 모든 순간들을 고스란히 느낄 수 있는 시간이 주어진다. 다즐링의 내 친구들은 삶에 여유와 유머가 가득하다. 큰돈이 필요한 동네가 아닌 만큼, 삶을 충분히 즐기면서 일을 한다. 그렇다고 게으르다는 뜻은 아니다. 가족에게 충실하고, 친구들에게 베풀고, 신에게 공양하고, 자연 속에서 뛰놀고, 여유를 즐기면서 그렇게 삶을 살아간다.

많은 것을 가졌다고 해서, 도시의 발전과 성장을 이룬다고 해서, 행복 지수 또한 올라가지 않는다는 것을 다즐링에 갈 때마다 다시금 느낀다. 맑디 맑은 눈으로, 온 마음을 다해 나를 반겨주고 맞이해주는 다즐링의 친구들은 물론이거니와, 하루 종일 마주치는 다즐링의 사람들은 하나같이 행복에 겨운 표정으로 웃음을 한껏 베푼다. 도시에서는 쉽게 마주할 수 없는 따뜻함과 애정, 여유, 그리고 넉넉함이 매 순간 온 마음을 충만하게 채운다.

'옴 마니 반메 훔(om mani padme hum)' 매일 아침 만나는 인도 친구 P의 차에서 흘러나오는 만트라가 평화롭고 경쾌하다. 옴은 태초의 소리로 알려진 가장 순수하고 숭고한 소리이며 마니는 보석과 같은 소중함을 의미하고, 반메는 순수함과 평화를 상징하는 연꽃을, 훔은 완전한 깨달음을 의미한다. 이는 관세음보살의 만트라로 마음의 평화와 삶의 행복을 가져오는 소리이다. 차갑고 시원한 히말라야의 산 공기에 가슴 속까지 뻥 뚫리는 듯한 다즐링에서 아침마다 듣는 이 소리는 내 삶이 그저 평화롭고 행복하기만을 바라는 이 세상의 바람처럼 느껴진다. 그 속에서 나는 알 수 없는 평화와 든든함으로 무장하고 하루를, 아니 삶을 시작한다.

레시피

인도 다즐링 홍차
맛있게 우리기

인도 북동쪽 히말라야 산맥 등지에 위치한 다즐링은 바그도그라 공항에서 차로 5~6시간을 올라가면 해발고도 2000m에서 시작되는 거대한 차 산지이자 세계적인 관광 명소이다. 영국 식민지 시절에 조성된 다즐링 티가든(차밭)에서는 매년 봄, 여름, 우기, 그리고 가을마다 차가 만들어진다.

매 해의 가장 처음에 만들어지는 봄차를 첫물차, 혹은 퍼스트 플러시(first flush)라고 부르며, 이는 산화도가 낮아 마치 녹차 혹은 백차와 같이 푸릇함을 지니고 있다. 향기가 기가 막히게 아름다워 봄날이면 다즐링 첫물차의 향기에 흠뻑 빠지곤 한다. 여름에는 두물차, 세컨드 플러시(second flush)가 만들어지고, 봄차보다는 훨씬 더 다채롭고 농익은 맛을 선사해준다. 다즐링의 특징이라고 하는 머스커텔 향기를 두물차에서 또렷하게 느낄 수 있다. 비가 내리는 우기에 만들어진 차는 품질이 썩 좋지 않아 블렌딩이나 저렴한 수출용으로 판매되고 있고 우기가 지난 가을에 만들어진 차를 가을차, 오텀널 플러시(autumnal flush)라고 부른다. 가을차는 겨울을 준비하기 위해 당분을 축적하다 보니 특히 단맛이 좋고 묵직하다. 편안하면서도 달큰한 가을차를 마시다 보면 이 겨울을 포근하게 보낼 수 있을 것만 같은 생각이 든다.

다즐링은 차 3g, 물 300ml, 시간 3분을 추천하는데, 그 맛과 향을 더욱 진하게 느끼고 싶다면 4~5분간 우려마셔도 좋다. 물 온도는 100도를 추천한다. 낮은 온도에서 우려내는 경우도 있지만, 100도에 우린 후에 살짝 식혀서 마시면 그 향기가 아찔하다. 역시나 무엇보다도 중요한 건 개인 취향이니, 추천하는 레시피 외에도 다양한 방법으로 마셔보길 권한다.

SFTGFOP1이 붙은 품질이 특히 좋은 다즐링이라면 티포트가 아닌 개완에 우려마셔도 좋다. 4g을 넣고 초단위로 5초, 10초, 15초…… 중국식으로 우려마시면 복합적인 다즐링 풍미의 변화를 입안 가득 즐겨볼 수 있다.

봄 여름 가을 겨울

 질척대던 겨울이 드디어 끝나고 봄이 아닌 여름이 왔다. 겨울의 끝자락에 잠시 꽃들이 만개했다가 비가 내리고 다시 겉옷을 꺼낼 만큼 추웠던 4월이 끝나고 나니 이제 반팔과 반바지를 입을 만큼 기온이 올라가 버렸다. 어릴 적 교과서에 4계절이 또렷하다는 것을 왜 그렇게 강조해서 배웠는지 이제야 알 것 같다. 4계절이 또렷한 나라에 산다는 것은 크나큰 축복이었다.

 4계절을 세분화해서 나누어보면 24절기가 있다. 태양의 황도를 기준으로 만들어진 24절기는 농경 사회에서 계절 변화를 관찰하고 농사 시기를 결정하기 위해 만들어진 것이다. 농사뿐만 아니라 일상생활과도 밀접한 관련이 되어 있는 만큼, 절기의 흐름과 변화에 귀를 기울이면 자연에 가까운 삶을 살게 되는 것이다.

가장 건강한 삶의 형태란 무엇인가. 인류는 도시화를 이루었고 대부분의 사람들이 그 도시속에서 살아가고 있다. 인공적으로 공원 등의 녹지를 조성하여 자연과 최대한 가까이 살려 하지만 자연 그대로의 삶은 될 수 없다. 그래서 도시에서의 삶을 포기하고 그야말로 자연이 펼쳐진, 도시화가 덜 된 곳을 삶의 터전으로 삼아가는 사람들이 조금씩 늘어나고 있다. 굳이 만든 도시를 벗어나려는 이유는 무엇일까. 자연에서 온 사람은 자연과 가까이하는 삶을 살았을 때 가장 건강하고 행복할 수 있다는 생각 때문이 아닐까 싶다.

24절기 중에서 첫 번째 절기는 입춘이다. 아직 코트를 입고 있을지언정 자연은 봄을 서서히 준비하는 시기라 할 수 있다. 눈이 녹는 우수와 개구리가 잠에서 깨는 경칩을 지나 낮과 밤의 길이가 같아지는 춘분, 봄 밭갈이를 시작하고 한국의 남쪽 지역에서는 찻잎 따기를 준비하는 청명과 본격적인 농사철이자 채엽 시기인 곡우까지 봄이 이어진다. 여름이 시작되는 입하와 본격적인 농사가 시작되는 소만, 씨를 뿌리는 시기인 망종, 낮의 길이가 가장 길어지는 하지와 더위가 짙어지는 소서, 대서를 지나 열 세 번째 절기이자 가을의 시작인 입추가 시작된다. 더위가 살살 사라지는 처서와 이슬이 내리기 시작하는 백로, 낮과 밤의 길이가 다시 같아지는 추분, 찬 이슬이 내리는 한로와 단풍이 절정에 이르는 상강을 지나 입동에 이른다. 얼음이 얼기 시작하는 소설, 눈이 가장 많이 내린다는 대설과 팥죽이 생각나는 동지, 추위가 한층 짙어지는 소한과 대한을 지나면 이제 우리는 일 년을 살아내게 된다.

절기의 변화에 따라 농산물 또한 달라진다. 제철 식재료가 좋은 이유는, 가장 자연에 가깝도록 우리 몸을 보해주기 때문이다. 그렇다면 차는 어떨까. 우리나라처럼 더위와 추위가 극으로 달라지는 나라에서 늘 같은 차를 마시는 것이 좋을까. 차를 오래 마셔온 사람들은 날씨와 계절의 변화에 따라 생각나는 차가 달라진다고 이야기한다. 가장 자연스러운 현상이 아닐까 싶다. 내 몸이 필요로 하는 차를 마시면 되는 것이다.

한 가지 차만 주야장천 마시기보다는, 다양한 차를 접해 보고 내 몸이, 내 마음이 필요로 하는 차를 마셔보자. 지속가능한 건강한 차생활을 위한 가장 기본은 가장 자연스러운 것을 따르는 것이 아닐까 싶다.

인문

계절과 차

차를 선택하는 데 있어 내 마음의 소리, 몸의 소리에 귀를 기울이는 것이 가장 좋지만 그럼에도 봄, 여름, 가을, 겨울에 마시면 좋은 차를 추천해볼까 한다. 동양학을 공부하다 보면 인도의 아유르베다, 한국의 한의학, 중국의 중의학에서 기본적으로 이야기하는 바가 비슷해서 늘 놀라곤 한다.

봄은 겨우내 쌓여 있는 한기를 우리 몸에서 내보내는 시기이다. 봄이 되면 파릇파릇한 새싹이 돋고 햇차가 만들어지기 시작하지만 본격적으로 햇차를 마시는 건 봄보다는 여름을 추천하고 싶다. 물론, 갓 만든 신선한 차의 맛을 보고 싶은 유혹을 억지로 참으라는 이야기는 아니다. 하지만 작년에 미처 소비하지 못한 녹차가 있다면 이 시기가 제격이다. 차는 시간을 들일수록 성질이 온화해진다. 작년 녹차를 마저 소비하고 서서히 신차를 받아들일 준비를 해보자. 혹은 중국의 봉황단총과 같이 향기가 좋은 차들을 마셔도 좋다. 녹차보다 산화도가 높고 성질이 평이한 우롱차인 만큼 한기를 내보내기에 더없이 좋다.

여름은 날이 덥기에 아이스티를 즐겨도 좋다. 차 자체는 성질이 차갑기 때문에 따뜻하게 마시는 것을 권하지만, 여름만큼은 시원하게 즐겨보자. 그리고 올해 만들어진 한국의 햇차, 녹차들을 신나게 소비해도 좋을 시기이다. 특히 녹차는 성질이 더 차갑기에 여름철에 마시기 참 좋다. 대만 우롱차와 같은 초록빛을 띄는 청향의 우롱차나 백차 중에서 싹으로만 만든 백호은침이나 백모단 신차도 추천한다. 또, 과일차로 수분을 섭취해도 좋을 시기이다.

가을은 무이암차의 계절이다. 찬 바람이 부는 이 시기에는 소화력을 더해주기 위해 불의 성질이 많이 들어간 무이암차를 추천한다. 한국 하동에서 만들어지는 만송포나 오설록의 화산암차도 좋다. 1년이면 차, 3년이면 약, 5년이면 보배라고 부르는 백차 중에서 몇 년을 묵힌 백모단과 같은 백차도 좋다. 성질이 평이해지고 약향이 돌아 환절기에 마시기 참 좋다.

겨울은 홍차나 보이숙차나 육보차와 같은 흑차, 혹은 향신료와 우유를 넣어 바글바글 끓인 인도식 마살라 짜이를 즐기기에도 참 좋은 계절이다. 순환을 도와 몸을 따뜻하게 해줄 수 있다. 공미, 수미와 같이 워머에 올려두고 지속적으로 우려마실 수 있는 백차도 이 시기에 마시기 참 좋다.

현실과 이상의 괴리

현대를 살아가는 우리에게 있어 물질적인 부는 굉장히 중요하다. 정당한 노동의 대가를 받는 것뿐만 아니라 그 이상의 경제적인 소득이 있어야 많은 것들을 누릴 수 있는 사회이기 때문이다. 물질적인 부가 삶에서 가장 중요하다고 할 수는 없지만, 꼭 필요한 것도 사실이 아닐까.

특히 아이들을 키우는 부모의 입장이 되니 더욱 그런 생각이 든다. 나 혼자 살아간다면 굳이 생각하지 않아도 되는 것들을 고민하고 염두에 두게 된다. 이 세상의 많은 부모들이 교육비로 많은 돈을 지출하는 것만 보아도 알 수 있다. 아이들이 더 많은 경험을 할 수 있도록, 더 많은 기회를 가질 수 있도록 기꺼이 쌓아 올린 부를 소비한다. 나는 지금 이대로도 충분히 감사하고 만족하고 살아갈 수 있지만, 더 많은 부가 있다면 아이들에게 더 많은 것을 해줄 수 있지 않을까, 하는 생각을 하게 되는 것이다.

머릿속이 복잡할 때는 흑차를 꺼내어 마신다. 흑차는 6대 다류 중에서 내가 자주 꺼내마시는 차는 아니지만, 한 잔 마시고 나면 마음이 편안해짐을 느낄 수 있다. 흑차 중에서도 특히 천량차와 육보차를 좋아하는데, 그날의 날씨에 따라 차를 고르곤 한다. 맑고 청량한 날씨라면 천량차를, 흐리고 비가 올 듯한 날씨라면 육보차를 꺼낸다.

육보차를 꺼내면 자연스레 자사호를 꺼내게 된다. 자사호는 중국 장쑤성 이싱 지역에서 나는 자사 원석을 원료로 하여 만든 차호(teapot)로 유약을 바르지 않고 고온에서 소성하는 것이 특징이다. 유약을 바르지 않아 맛과 향을 흡수하다 보니 하나의 자사호에는 한 가지 차를 우려내곤 한다. 현실적으로 수많은 차의 종류만큼 자사호를 가질 수는 없는 노릇이니 흑차 전용 자사호를 사용하고 있다.

단순한 차도구에서, 예술품으로서도 그 가치를 인정받은 자사호는 차를 즐기는 사람들 사이에서 일종의 로망처럼 여겨지기도 한다. 수백만원, 수천만원을 호가하는 자사호들도 존재한다. 하지만 또 아이러니하게도 시장에는 만원, 2만원짜리 자사호도 넘쳐난다. 진짜 자사 원석이 아닌, 다른 흙과 섞은 후 자사호로 둔갑해서 시장에 나오는 경우도 종종 있기 때문이다.

명대의 문인들이 소박하고도 자연에 가까운 매력에 빠지면서 탄생하게 된 자사호는 아이러니하게도 현실과 이상의 괴리를 가장 잘 드러내는 차도구가 된 것이 아닐까 하는 생각이 든다. 내가 추구하는 이상적인 삶을 위한 가치관이 현실이라는 벽에 부딪힐 때마다, 15년간 양호해온 자사호를 고이 꺼내어 육보차를 우려 마시며 그 사이의 균형과 타협점을 찾고자 한다.

타협하는 삶이란 비겁하다고 볼 수도 있겠지만, 엄마로서 이 시대를 살아가는 나로서는 최선의 선택이라고 할 수 있겠다. 노자와 소크라테스, 아리스토텔레스처럼 성인군자와 같은 삶을 살아가기에 부모라는 자리는 자식에 대한 책임감이 너무나 중요하다. 그 사이에서 균형을 다잡기 위해서 자사호에 진득하니 우려난, 마음을 가라앉히는 차 한 잔에 기대어본다.

레시피

흑차를
맛있게 우리는 방법

흑차는 악퇴라는 과정을 통해 미생물을 번식시켜 후발효를 시킨 차를 의미한다. 대표적으로 운남성의 보이숙차, 호남성의 천량차, 광서성의 육보차, 사천성의 강전차 등이 있다. 이효리 씨가 요가 후 마시던 차가 보이숙차, 즉 대표적인 흑차에 속한다.

흑차는 기본 차 5g에 물 150ml 전후의 자사호를 사용하여 100도의 뜨거운 물을 부어 우려낸다. 흑차를 우릴 때 자사호를 사용하는 이유는 자사가 보온력이 뛰어나기 때문이다. 개완이나 일반 차도구에 우려도 좋지만, 자사호에 우렸을 때 그 풍미와 내포성을 유지할 수 있다. 자사호가 없다면 뜨거운 물에 우린 후 워머를 사용하는 것도 방법이다.

흑차는 일반적으로 단단하게 압병되어 있는 상태이기도 하고, 오래 보관해서 마시는 경우가 많기 때문에 세차를 해준다. 세차란 찻잎을 한 번 씻어낸다는 뜻으로, 뜨거운 물을 부어 처음으로 우려낸 찻물을 버리는 것을 의미한다. 모든 다류에서 세차가 필수는 아니지만, 흑차는 일반적으로 세차를 필수로 진행한다.

일반적으로 맛있게 우리는 방법은 일반적인 방법일 뿐, 나의 취향에 맞는 우림법을 찾아보는 것을 추천한다. 보통 흑차는 호불호가 갈리는 경우가 많아, 차를 3g만 넣어 연하게 우리는 것을 즐기는 사람들도 있고, 진하게 우려 밀크티로 즐기는 경우도 있다. 실제로 내가 매년 방문하는 히말라야 산맥 등지의 인도 다즐링에서는 흑전차를 이용하여 버터와 산양유를 넣어서 수유티를 만들어 마시기도 한다.

가장 기본적으로 맛있게 우리는 방법을 배우고 난 후에는, 상황에 맞는, 나의 취향에 맞는 최고의 우림법을 찾아내는 것이야말로 진정한 골든룰(차를 맛있게 우리는 방법)이라고 할 수 있겠다.

아침 산책에서 만나는 자연

요즘은 도심 속에 살더라도 어디서든 쉽게 공원이나 녹음을 만나 볼 수 있다. 물론, 전원주택이나 시골에 사는 것과 비교할 수는 없겠지만, 그럼에도 도심 곳곳에 초록의 우거짐이 더해지는 것은 좋다. 자연만한 힐링이 없기 때문이다.

우리가 완벽하지 않은 것은, 더 나은 사람이 되기 위해 노력하기 위함이 아닐까, 하는 생각을 해본 적이 있다. 완벽하다면 매일을 열심히 살아가야 할 이유도 없고, 함께 어우러져 살아갈 이유도 없지 않을까. 부족한 사람이기에 우리는 노력하고, 또 서로 의지하고 힘을 빌리고 빌려주며 그렇게 함께 살아가는 것이다.

자연이 강렬한 치유의 힘을 지니고 있는 것은 자연은 그 자체로 완벽하기 때문이 아닐까. 이른 아침 아파트에서 나서 공원 산책길로 들어서면 새들이 지저귀는 소리와 맑은 공기가 나를 반겨

준다. 나뭇잎이 바람에 흔들리는 소리, 뺨을 스쳐 지나가는 계절의 바람, 걷다가 문득 고개를 하늘 위로 들어보면 키가 큰 나뭇잎들 사이로 스며드는 햇살의 손길이 나를 감싸준다.

평일에는 매일 새벽 우리집 댕댕이 라떼와 함께 산책을 나가지만, 주말에는 차 바구니를 들고 산책길에 나선다. 집 바로 앞에 있는 공원 곳곳에 의자와 테이블이 마련되어 있는데, 그곳에서 차를 우려 마시며 책을 읽는 시간이 나에게는 한 주의 피로를 회복하는 시간이 되어준다.

BGM은 자연의 소리. 오롯이 자연과 나, 그리고 차 한 잔이 존재하는 공간. 이 공간에서 보내는 주말 아침 시간이 참 좋다. 자연이 주는 치유와 충전의 시간은 이루 말할 수가 없다. 집 앞에서 이렇게 자연의 손길을 그득히 누릴 수 있다니, 정말로 감사한 일이다.

모든 계절이 다 좋지만 봄에서 여름으로 넘어가는 이 계절은 자연의 향기가 특히 가득해서 좋다. 곳곳에서 피어나는 꽃과 짙은 녹음의 나무들, 그리고 봄에 만날 수 있는 햇차. 사실 매년 봄이 간절히 기다려지는 이유는 그해의 햇차가 나오기 때문이다. 4월 곡우 전후로 만들어지는 여리고 예쁜 한국의 녹차를 자연 속에서 만난다면! 차 한 잔에 몸도 마음도 충만해진다.

좋아하는 작가님의 다관에 아기 손가락 마냥 보드랍고 야들야들한 녹차를 넣어 보온병에 담아온 물을 붓는다. 갓 우러난 햇차의 향기, 자연의 향기를 눈으로, 코로, 입으로 만끽한다.

완전한 자연의 틈바구니에서, 불완전한 내가 유영한다. 온전한 쉼의 시간. 일상 속에서 내가 나에게 줄 수 있는 최고의 휴식이 아닐까 싶다.

레시피
한국 녹차의
모든 것

1. **하동의 한국차는 어디서 사야 할까**

    인터넷에서도 쉽게 한국의 차를 구입할 수 있는 곳들이 있다. 홈페이지가 없는 다원들은 인스타그램을 통해서도 구입이 가능하고 오프라인 차 행사에서도 구입할 수 있다. 아래에 언급한 다원 외에도 다양한 다원들이 존재하니 #하동녹차 #보성녹차 #제주녹차를 키워드로 검색해보길 권한다.

    〈하동〉
    - 도재명차 https://teabydojae.com/
    - 만수가 만든 차 https://smartstore.naver.com/mansootea
    - 연우제다 https://연우제다.com/
    - 일구다 https://smartstore.naver.com/ilguda_tea
    - 조태연가 http://www.jukro.co.kr/index.html
    - 청석골 감로다원 https://smartstore.naver.com/cjdtjrrhfck

    〈제주〉
    - 오설록 https://www.osulloc.com/
    - 올티스 https://orteas.kr/

〈보성〉
- 선다원 https://sundawon.com/
- 보향다원 https://bohyang.com/
- 청룡다원 https://smartstore.naver.com/organictea
- 아름다원 https://smartstore.naver.com/evergreen-health

2. **한국 녹차 맛있게 우리는 방법**

   한국의 녹차는 한국의 도기에 우리는 것을 추천한다. 지극히 개인적인 취향으로 산도방의 차도구를 좋아하는데 여기에 한국 녹차를 우리면 정말 맛이 좋다. 2g의 찻잎을 물 100ml에 1분간 우려 마시면 된다. 재미있게도 한국 녹차를 우리기 적합한 물의 온도는 70도~100도로 다양하다. 어떤 녹차는 70도로 식힌 물에, 어떤 녹차는 팔팔 끓는 100도에 우려야 맛이 좋다는 뜻이다. 그래서 다원에서 제안하는 온도로 우리는 것을 권한다. 물 온도를 잘못하면 녹차의 풍미가 확 떨어지기 때문이다. 두 번째는 2분, 세 번째는 3분을 우려서 마실 수 있다.

3. **한국 녹찻잎 엽저 활용하는 방법**

   그 해의 가장 처음인 봄, 여린 잎으로 만든 한국의 녹찻잎은 우리고 난 잎이 얼마나 연하고 고운지 모른다. 차를 우리고 난 후의 젖은 찻잎을 엽저라고 하는데, 차만 우려 마시고 버리기엔 너무 아깝다. 한국 녹차의 엽저는 모아서 들기름과 깨소금을 넣고 조물조물 무쳐 먹으면 나물처럼 먹을 수 있다. 다른 나물들처럼 갖은 양념을 해도 좋지만 차나물이 처음이라면 몇 가지 간단한 양념을 넣어 차나물 본연의 맛을 즐겨보길 바란다. 혹은 솥밥에 넣어 차나물 비빔밥을 해먹어도 된다. 차나물 무침, 차나물 비빔밥이 생소한가? 우리나라 남쪽 차가 나는 지역에서는 예로부터 해먹던 방법이니 도전해 보기 바란다.

대중문화와 대중의 차

표준국어대사전에 의하면 문화란 의식주를 비롯하여 언어와 풍습, 종교, 학문, 예술, 제도 등 일정한 목적이나 생활 이상을 실현하고자 사회 구성원이 만들어 공유하고 전달하는 행동이나 생활양식을 의미한다. 가만히 생각해 보면 동서양을 막론하고 옛 사람들의 문화가 지금까지 전달되고 있는 것은 대부분 기록을 남길 수 있고 문화를 즐길 수 있었던 소수의 지식인이나 권력가들의 문화에 불과하다. 그렇기에 우리는 대중문화라는 단어를 새로이 만들어냈고 이를 일반적인 문화와 구분하게 되었다.

홍차의 나라라고 하면 대부분의 사람들이 영국을 떠올린다. 홍차를 처음 만든 것은 다름 아닌 중국인들이지만 영국의 귀족과 왕족이 즐기던 애프터눈 티부터 서민들에게까지 퍼진 영국식 밀크티를 떠올리며 자연스레 홍차 문화와 영국을 연결하게 되는 것이다.

  그렇다면 영국인들은 모두 3단 트레이에 우아한 애프터눈 티를 즐길까? 꼭 그런 것은 아니다. 내가 알고 있는 대부분의 영국 친구들은 집에 나처럼 예쁜 찻잔이나 그릇을 구비하고 있는 경우가 거의 없다. 오직 머그컵에 티백 홍차를 진하게 우려 냉장고에서 막 꺼낸 우유를 조금 붓고 설탕을 넣어 차를 마시는 것이 그들의 홍차 문화이기 때문이다. 내가 예쁜 웨지우드의 찻잔을 그릇장에서 꺼내 들면, 집에 어쩜 이렇게 우아하고 아름다운 잔이 있느냐며 되려 놀라는 것이 바로 영국 친구들이다.

  중국에서는 특히 노력과 시간을 들여, 전통적인 제다 방식을 고수해서 만드는 차들을 공부차라는 이름으로 부른다. 차 업계에도 상업적인 바람이 가득 불어버린 탓에 이제는 그런 차들을 만나기가 예전 같지 않지만 여전히 그런 차들이 존재한다. 이런 차들은 장인정신이 살아 있는 그야말로 실력과, 경험과, 노련미가 더해진 장인분들이 만든 차이다. 우리나라 하동에서 여전히 전통 방식을 고수하면서 차를 만드는 분들도 같은 결이라고 볼 수 있겠다. 이렇게 만들어진 차는 예술의 영역에 속한다고 생각한다.

  대중을 위해 만든 차로서는 대표적으로 서양의 브랜드 차가 있지 않을까. 최고급의 품질이라고 과장 광고를 하지 않는 평범하고 대중적이고 편안하지만 안전한 차 말이다. 오히려 경계해야 할 것은, 예술의 영역에 있는 차처럼 포장하고 있지만 알고 보면 대중문화의 영역에도 들지 않는 차이다. 상업이 크게 자리를 잡으면 잡을수록 그 경계는 알 수 없게 된다.

예술의 영역에 있는 차만 마시고 살 수 있다면 참으로 행복하겠지만, 현실적으로 쉽지 않은 만큼 가끔은 예술과도 같은 차 한 잔을 즐기고, 평소에는 오히려 대중의 차라고 할 수 있는 브랜드의 차들을 꺼내어 마신다. 멋도, 맛도, 모두 중요하지만 나에게 가장 중요한 것은 안전하게 차를 즐기는 것이다. 지속가능한 건강한 삶을 위해, 먹는 것도, 마시는 것도, 더 많이 배우고, 알고, 그리고 즐기려고 노력한다.

예술과 대중문화가 같은 맥락이 될 수 있었던 것은, 아마도 그 단어가 존재하기 이전의 그 옛날, 경제적인 이득이란 개념이 통용되기 아주 오래 전의 이야기가 아닐까 싶다. 이제 더는 그럴 수 없다는 생각을 하니 홍차의 쓸쓸함이 오늘따라 짙게 느껴진다.

인문

홍차의 나라 영국

영국에서 홍차 문화가 대중화가 될 수 있었던 여러 가지 이유 중의 하나는 유럽의 그 어느 나라보다도 먼저 산업혁명이 발달했기 때문이기도 하다. 산업혁명이 발달했다는 것은 중산층이 부흥하여 경제적인 부를 통해 신분의 상승을 할 수도 있었다는 뜻이기도 하며, 남녀노소 할 것 없이 도시가 있는 공장으로 출퇴근을 해야만 했다는 뜻이기도 하다.

상류층은 상류층대로 애프터눈 티와 티 가든을 통해 홍차 문화를 우아하게 즐겼지만, 노동자층은 출근 전 딱딱한 빵에 진하게 우린 홍차에 우유와 설탕을 넣은 밀크티를 곁들여 칼로리 보충을 위한 홍차 문화를 갖게 되었다. 일을 하던 중에는 진한 밀크티 한 잔으로 카페인을 충전해 일의 효율성을 높였고, 퇴근 후에는 저녁 식사를 하며 뜨거운 밀크티를 한 잔 곁들여 하루의 피로를 풀었다.

상류층은 작고 낮은 테이블에 3단 트레이를 놓고 샌드위치와 스콘, 디저트를 가득 담아 애프터눈 티, 다른 말로는 로우 티(테이블이 낮다는 뜻이다)를 즐겼으며, 서민들은 공장에서 집으로 돌아온 후에 푸짐한 저녁에 밀크티를 곁들이는 하이 티(테이블이 높다는 뜻이다)로 생존했다.

이 모든 것이 가능했던 것은 영국의 식민지였던 인도 덕분이었다. 중국차보다 저렴한 인도에서 자생하는 차나무를 발견한 영국은 인도와 스리랑카에서 재빨리 차를 재배하여 귀하고 비싼 중국차 대신 저렴한 인도와 스리랑카의 차를 대중들에게 공급했다. 게다가 자잘한 찻잎, 혹은 밀크티에 적합한 동글동글한 ctc(cut, tear, curl의 약자로 찻잎을 자르고 찢고 말아서 만든 찻잎이다)를 개발하여 밀크티의 대중화에 더욱 박차를 가했고 지금의 홍차의 나라, 영국이 될 수 있었다.

모두가 비싼 가격의 온전한 중국차를 마실 수 있었다면 대중을 위한 홍차를 따로 만들 필요는 없었을 것이다. 앞서 말했듯 예술의 경지에 오른 중국차는 모두에게 주어질 수 없었다. 각종 오물과 거름이 뒤범벅이 된 차가 고급차로 둔갑하여 유럽의 시장에서 팔렸고, 알고 보니 차마 입에 담지 못할 재료로 만들어진 보이차가 귀하고 비싼 보이차로 둔갑했던 것처럼 예술의 경지에 오른 차를 흉내 내어 만든 것처럼 위험한 것은 없다.

차라리 대중들을 위해 만들어졌다고 대놓고 선전하며, 밀크티에 적합하도록 빠른 시간 내에 진하게 우러나는 아쌈 ctc를 마시는 것이 훨씬 더 안전할 수도 있다는 생각이다. 예술의 경지에 오른 차를 마시기 위해서는, 예술을 보는 눈을 키워야 하지 않을까. 교육이 지닌 의무와 책임이 이곳에 있는 것 같다.

차가 일상이 된다는 것

인도에 살 때 가장 금방 친해질 수 있는 친구들은 다름 아닌 일본 친구들이었다. 한국에 돌아온 지 7년이 되었지만 여전히 한국과 일본을 오가며 교류를 하고 있고, 딸아이 역시 일본 친구들과 지속적으로 관계를 유지하고 있다.

인도에 살 때 가장 인상 깊었던 점 중의 하나는 일본 아이들은 물통에 생수를 담아가지 않는다는 점이었다. 보리차, 루이보스차, 우롱차를 늘 가득 채워 들고 다니곤 했다. 또, 일본 친구들 집에 놀러 가면 식사를 마치고 마지막 코스로 늘 일본 녹차인 센차를 진하게 우려 디저트와 함께 내어주곤 했다. 그야말로 일상적으로 당연하게 차를 마시는 것이다.

예전에 인스타그램에 말차를 격불(말차를 마시기 위해 차선을 빠르게 움직여 거품을 내는 행위를 말한다)하는 영상을 올린 적이 있었다. 도쿄에서 만난 일본 친구들은 "나는 세상에 태어나서 한 번도 격불을 해본 적이 없는데, 한국의 티마스터인 너는 늘 말차를 격불하더라"라고 이야기했다. 스시집에 간 우리는 식당 컵에 말차 가루를 넣고 정수기 뜨거운 물을 부어서 스시와 함께 말차를 즐겼다. 물론 격불용으로 사용하는 말차와, 스시집에서 사용하는 말차의 등급은 다를지언정 말이다. 일본 사람들이라면 누구나 말차를 격불해서 먹을 것처럼 느껴지지만, 차가 일상인 그들은 리추얼보다는 일상으로서 차를 대하고 있으며, '차를 마신다'는 것을 의식할 필요가 없을 만큼 삶의 일부로 포용해 버린 것이다.

나를 위해 찾아간 도쿄의 어느 차 전문점에서, 일본 친구들은 교쿠로, 가부세차, 센차, 호지차, 쿠키차라는 단어를 보고 "나니(뭐야?)"를 연발했다. 센차는 알겠는데 나머지는 도통 뭔지 모르겠다는 것이다. 차의 종류에 대해 설명해주는 나를 보고 친구들은 "역시 티마스터야"를 연발하며 각자 취향에 맞는 차를 선택해서 나누어 마시며 무척이나 신기해했다.

우리나라에서는 '차'라고 하면 아직도 어렵다는 인식이 많이 있다. 차를 좋아하느냐고 물으면 "차를 잘 몰라서"라고 말을 흐리는 경우도 상당히 많다. 차를 마시기 위해서 모두가 전문가가 될 필요는 없다. 물론, 커피나 와인, 위스키와 같은 다른 기호식품처럼 아는 만큼 향유할 수 있는 즐거움의 크기가 달라진다는 것에 동의하지만, 잘 알아야지만 마실 수 있는 것은 아니다. 17년째 차를 가르치고 있는 입장에서 몰라도 마실 수 있어요, 라고 하는 것은 다소 아이러니하기도 하지만 차를 너무 어렵게 생각하지 말라는 뜻이다. 편하고 쉽게 대할수록 편하고 쉬워지는 것이 또 차이기도 하니까.

일상이란 그런 것이라고 생각한다. 밥을 먹는 것, 옷을 입는 것, 잠을 자는 것…… 조금 더 신경 쓰면 더 좋은 결과를 낼 수도 있지만, 꼭 그렇지 않아도 쉽고 편하게 지속할 수 있는 것. 차를 마시는 것도 여러분에게 그런 일상이 되면 좋겠다. 차 한 잔의 시간이 일상 리추얼이 되었을 때 삶이 얼마나 더 여유롭고 풍요로워지는지 내가, 우리 아이들이 18년간 몸소 체득해 보았으니까 말이다. 우리 삶에 차 한 잔의 여유를 더하는 가장 쉬운 방법은, 차를 일상에 들이는 것이다.

정보

일본 녹차의 종류

녹차는 6대 다류 중에서 한국에서 불발효차라고 일컫는 차인데, 사실 발효와 상관이 있기 보다는 '산화'와 관련이 되어 있어 '불산화차'라고 하는 것이 조금 더 정확하다. 녹차는 채엽을 하자마자 바로 열을 가해 산화효소를 억제시키고, 그로 인해 산화가 더 이상 진행되지 않도록 하여 잎의 초록색이 그대로 남아 있는 차이다. 물론, 요즘에는 조금 다른 제다법을 사용하고 있기도 하지만, 산화효소를 없애는 '살청'이라는 과정을 반드시 거치는 것은 변함없는 사실이다.

한국에서는 솥에 덖어서 만드는 덖음녹차(초청녹차)를 주로 생산하고 있지만 일본은 증기를 쐬어 살청을 하는 증청녹차를 주로 생산하고 있다. 생김새로만 보아도 한국의 고불고불한 녹차와 달리 바늘처럼 뾰족하고 가루가 많이 생기는 일본 녹차는 증청녹차로 만들어졌기 때문에 그렇다. 우리가 흔히 표현하는 해조류의 감칠맛과 탁한 탕색 역시 증청녹차의 특징이기도 하다.

일본 녹차는 차광재배를 하여 아미노산의 함량을 높여, 떫은 맛보다는 감칠맛이 더 뛰어나게 만드는 교쿠로(옥로), 가장 대중적으로 만들어지고 일반적으로 가장 많이 마시는 센차, 교쿠로와 센차의 중간 정도로 차광재배를 조금 짧게 하는 카부세차, 차광재배한 차를 맷돌에 곱게 갈아 만든 맛차(말차), 센차보다 늦은 시기에 채엽하여 조금 더 큰 잎으로 만든 반차, 센차와 반차를 센 불에 볶아서 만든 호지차, 센차나 반차에 볶은 현미를 더해 만든 겐마이차(현미녹차), 오직 줄기만 모아서 만든 쿠키차 등이 있다. 큰 잎으로 만든 반차나 호지차, 줄기로 만든 쿠키차는 일반 녹차에 비해 카페인의 함량이 적은 편이라 조금 더 편하게 마실 수 있다는 장점이 있다.

찻잎을 갈아서 거품을 내어 마시는 말차는 차의 수용성 성분과 지용성 성분을 모두 섭취할 수 있기에 영양학적으로는 가장 완벽하게 녹차를 섭취하는 형태라고 생각할 수 있다. 단, 카페인의 함량 역시 말차가 센차보다 높기에 빈속에 자주 마시는 것은 권하지 않는다.

차의 일상화가 되어 있는 일본인들이 센차를 마시는 농도는 상상 이상으로 진한 편이다. 센차의 패키지에 적혀 있는 권장 레시피를 참고는 하되, 찻잎의 양을 1/3로 줄여서 마시는 것을 권한다. 일본 친구 집에 놀러가면 언제나 진한 농도의 센차와 달콤한 디저트를 함께 내어주는데, 디저트가 없이는 차마 차를 마시기 힘들 정도였다.

고뿔차

매년 6월경이 되면 코엑스에서 국제차문화대전(Tea world festival)이 열린다. 2003년부터 시작된 국제차문화대전은 2025년 22회를 맞이했고 7회부터 꼬박 참석했던 나는 15년 전과 지금을 비교해보며, 더 많은 사람들이, 그리고 더 젊은 사람들이 차에 관심을 갖는 모습에 왠지 모를 희열을 느꼈다. 국제차문화대전은 차와 차 생활에 대한 모든 것들을 한 자리에서 만날 수 있는 박람회인데, 한국의 하동, 보성, 제주의 차와 중국차, 대만차, 그리고 다양한 한중일의 차도구들을 만날 수 있는 자리이다. 차와 차도구뿐만 아니라 찻자리와 관련된 다양한 소품들을 만날 수 있으니 '차인'들의 진정한 축제의 장이라 할 수 있다.

차를 교육함에 있어 나는 여전히 중국차와 세계의 차를 모두 가르치지만, 입문자들에게는 언제나 한국차를 추천한다. 앞서 말했듯 내가 나고 자란 한국 땅에서 가장 깨끗하고 안전하게 차가 만들어지는데 다른 선택을 할 이유가 없다. 봄이 되면 한국의 햇녹차들이 봄의 싱그러움을 가득 안고 출시되지만, 한국에서 녹차만 만들어지는 것은 아니다. 백차, 청차, 홍차, 그리고 후발효차와 떡차도 만들어질 만큼 그 종류가 점점 더 다양해지고 있다.

매년 국제차문화대전에 가면 반드시 구입해서 오는 차 중의 하나는 한국의 홍차이다. 갓 만들어진 홍차를 가을, 겨울까지 두었다가 맛이 더 농익었을 때 꺼내어 마시면 보약이 따로 없다. 일반적인 녹차와 달리 홍차는 1년이고, 2년이고…… 두었다가 마시면 그 풍미가 더욱 짙어져 색다른 맛과 향을 선사해준다. 그 즐거움에 바로 마실 차와, 묵혀둘 차를 추가로 구입하곤 한다.

날이 선선해지고 찬 바람이 불면 아이들도 한국의 홍차를 찾는다. 한국 홍차의 다른 이름은 바로 고뿔차이다. 하동에서 어르신들이 감기에 걸리면 내어주었다는 고뿔차. 이름이 감기차인 만큼 감기를 낫게 하는 데 탁월하다는 뜻이 아니고 무엇이겠는가. 고뿔차는 홍차, 황차, 발효차라는 이름으로도 불리지만 결국 대부분은 '산화'를 기반으로 한 홍차에 속한다.

고뿔차는 우리가 흔히 생각하는 '홍차'처럼 쓰고 떫지 않다. 워낙 작은 잎으로 만든데다 산화도도 브랜드의 홍차보다는 낮아 맛은 부드럽고 향은 더 좋다. 기계 작업으로 대량 생산된 브랜드의 홍차처럼 잎이 찢어져 있는 게 아니라 온전한 작고 예쁜 싹과 잎이 오밀조밀 몰려 있다. 작고 앙증맞은 한국 다관에 찻잎을 넣고 두 번, 세 번, 연거푸 우려낸다. 우려낼 때마다 맛이 더 풍성해지고 향기는 입안 가득 맴돈다. 감기 기운이 있을 때 고뿔차 한 잔이면 든든하다. 고뿔차로 부족하다 싶으면 건 생강을 몇 조각 넣어도 좋고 말린 대추를 함께 우려내도 좋다. 따뜻한 기운이 온몸에 전해지면 온전한 이완을 경험할 수 있다.

 나는 고뿔차를 마실 때마다 선조들의 지혜를 떠올린다. 날이 더운 지중해와 달리 우리의 선조들은 생야채로 만든 샐러드보다는 끓는 물에 채소를 넣어 데친 후 발효로 뜨거운 기운을 지닌 된장과 간장을 사용해 나물을 무쳐 먹었다. 욕심내지 않고 제철 채소를 활용해서 자연의 흐름에 맞는 식생활을 매일, 하루도 빠짐없이, 그렇게 해온 것이다. 자연에서 해답을 찾는 삶, 균형 있는 삶을 살아갈 수 있는 가장 쉬운 방법에 기대며 제법 차가워진 바람에 고뿔차 한 잔을 우려낸다.

정보

홍차와 발효차

전 세계에서 가장 많이 만들어지고, 소비되고 있는 차는 다름 아닌 홍차이다. 그러나 여전히 동양권에서는 녹차가 많이 만들어지고 소비되고 있다. 그래서 우리는 6대 다류 중에서 홍차와 녹차를 주요 다류라고 이야기한다.

앞서 말했듯 녹차는 찻잎을 따면 솥에 덖거나, 증기를 쐬어 높은 열을 가하는 살청이라는 과정을 필히 거치게 된다. 이 과정은 찻잎 안에 있는 산화효소를 억제시키는 과정으로, 찻잎이 더 이상 산화되는 것을 막기 위함이다. 그래서 녹차는 제다를 마친 후에도 잎이 녹색을 띠고 있다. 불산화차에 속하는 것이다.

반면에 홍차는 살청이라는 과정을 거치지 않고 일부러 산화를 시키는 과정을 더한다. 그래서 홍차는 산화가 일어나면서 녹색의 찻잎이 갈색, 혹은 짙은 갈색으로 변하게 된다. 홍차는 완전산화차라고 부른다. 한국에서는 완전발효차라고 이야기하지만, 여기서도 역시 발효가 아닌 산화와 관련되어 있다.

발효는 산화효소가 아닌, 미생물과 관련이 되어 있다. 일례로 된장이나 김치와 같은 것이 발효에 속한다. 차에서는 보이숙차, 천량차, 복전차 등과 같은 '흑차'가 발효차에 속한다. 일부러 악퇴라는 과정을 거쳐 찻잎을 무겁게 쌓고 물을 뿌려 미생물이 작용하도록 하기 때문에 진짜 발효가 일어난다. 이런 차들을 후발효차라고 한다.

중국에서 만들어지는 대부분의 홍차, 황차, 고뿔차, 발효차라고 부르는 차들은 산화와 관련이 있는 홍차에 속한다. 수강생분들이 서로 다른 한국의 홍차, 황차, 고뿔차, 발효차를 마셔보았을 때 비슷한 느낌이 든다는 이야기들을 많이 하시는데, 이는 산화를 기반으로 만들어진 차이기 때문이다.

물론 한국에도 후발효차, 띄움차 등과 같은 다른 종류의 차도 존재한다. 이는 또 다른 영역의 차이다 보니 맛을 보면 다른 점이 또렷하게 느껴질 것이다.

전생에 인도 공주

인도는 나에게 제2의 고향과도 같다. 2015년부터 2019년까지 4년간 꼬박 인도에서 생활을 했는데, 그 시간은 내 삶에 있어 가장 행복했고, 아름다웠고, 풍요로웠던 시기였다. 인도를 너무 좋아해서 5살, 8살이던 두 아이들을 데리고 인도 방방곡곡을 여행 다녔고 아이들과 함께 지도에 표시한 도시 혹은 마을이 50개가 넘었다. 인도를 얼마나 좋아했느냐면, 인도의 문화와 예술, 역사, 종교, 신화, 철학을 아울러 책을 읽고 관련된 곳을 찾아 끊임없이 여행을 다니곤 했다. 라마야나를 읽고 라마의 발자국이 남아 있던 라메스와람으로 떠났고, 보리달마가 탄생한 곳을 보러 떠났으며, 파르바티의 망고나무를 보러 훌쩍 떠나곤 했다. 이런 나를 보며 인도 친구들은 '전생에 인도 공주'라는 별명을 붙여주었다.

인도에 살면서 정말 깜짝 놀랐던 것은, 인도에 내가 아는 것 이상으로 다양한 티 브랜드가 존재한다는 것이었다. 마트표 타지마할부터, (당시) 한국에는 아쌈 ctc만 있었던 압끼빠산드 산차, 모슬린 티백이 너무 매력적이었던 힐카트테일즈, 다원 아쌈과 다원 다즐링을 만날 수 있었던 해피헌터 등 역시 세상은 넓고 차는 많다는 것을 다시금 깨달았다.

참 다행인 것은 한국에 돌아온 이후에 인도의 큰 브랜드 두 개가 한국에도 상륙했다는 점이다. 인도에서 VIP로 대우받을 만큼 자주 들르곤 했던 압끼빠산드 산차는 부산에 본점이 있는데, 이제 서울 롯데백화점에서도 만나볼 수가 있게 되었다. 인도에서 국빈들을 위한 선물로도 사용되는 압끼빠산드는 '당신의 선택'이라는 뜻을 가진 힌디어로 면세점에서도 쉽게 만나볼 수 있는 브랜드이다. 인도의 홍차, 백차, 우롱차, 녹차, 아유르베다 허브차 등 다루고 있는 범위가 어마어마해서 인도차를 섭렵하고 싶다면 추천한다. 개인적으로 아쌈부르봉과 다즐링 옐로우골드를 참 좋아하고, 망고와 바나나티도 좋아한다. 백차라인은 다 추천하고 싶다. 압끼빠산드와 인연이 닿아 수강생분들과 부산에 놀러가 극진하게 대접받고 온 추억도 있다. 좋은 인도차에 대한 자부심이 느껴지는 브랜드인 만큼, 실망할 일이 없다.

또 하나의 브랜드는 힐카트테일즈. 힐카트테일즈는 한국에 수입할 당시에 내가 컨설팅을 해드렸던 브랜드이다. 인도에서 좋아하던 브랜드가 한국에 수입된다니, 그저 기뻤다. 힐카트는 인도 다즐링에 실존하는 길 이름인데, 다즐링에서 채엽한 찻잎을 기차에 싣기 위해 반드시 지나가야 하는 도로이다. 그 도로에서 이름을 따왔고, 티백 안에 좋은 글귀가 적혀 있어 테일즈라는 이름을 붙였다. 고급스러운 모슬린 티백과 좋은 글귀와의 만남이 매력적인 브랜드이다. 기관이나 기업체 출강을 나가면 꼭 소개하는 브랜드이기도 하다. 차를 처음 드시는 분들이나, 그렇지 않은 분들이나, 다들 감탄하며 행복해하시는 모습을 볼 수 있기 때문이다.

인도 브랜드라고 하면 여전히 편견이 많다. 하지만 정말 몰라서 하는 말이다. 인도는 여전히 계급이 존재하는 나라이기 때문에 상류층과 부자들의 삶을 보면 한국과는 비교가 되지 않는다. 가족들이 다 같이 살기 위해 건물을 뚝딱 세우고, 결혼식을 위해 가건물로 웅장하고 화려한 성을 만들어내고 코끼리를 타고 등장하는 나라이다. 그런 만큼 좋은 차를 다루는 인도 브랜드들의 차는 믿고 마셔도 좋다. 기대 이상이다. 다시 한 번 말하지만 세상은 정말 넓다.

정보

인도의 차에 대하여

인도는 세계 2위의 차 생산국이다. 하루에 7~8번씩 짜이(인도식 밀크티)를 마시는 나라이다 보니 국내 소비량도 높지만 수출량도 어마어마하다. 대한민국의 30배의 크기를 가지고 있는 인도의 3대 차 생산지는 다즐링, 아쌈, 닐기리이다.

다즐링은 웨스트벵골 주에 속하는 북동쪽 히말라야 산맥 등지, 해발고도 2000m에 자리를 잡고 있어 고산 지역의 특징을 잘 가지고 있다. 홍차의 샴페인이라는 별명을 가진 만큼 향긋하고 섬세한 차를 생산하는데, 질 좋은 다즐링을 마시면 맑고 깨끗한 그 향기에 반할 수밖에 없다. 매년 다즐링 차여행을 가고 있는데, 이미 유기농으로 생산한 지 오래라 다즐링 차밭의 생태는 환상적이다. 처음에는 중국의 차나무를 심어 토착화시켰지만, 요즘은 아쌈종과 교배한 품종개량을 통해 더 향긋하고, 더 튼튼한 품종들이 안정화되었다.

아쌈은 다즐링에서 멀지 않은 주의 이름이다. 브라흐마푸트라 강 유역에 위치하고 있다. 아쌈에서 인도차의 50% 이상이 생산되고 있다. 다즐링과 달리 해발고도가 조금 더 낮고 넓은 평지가 펼쳐져 있다 보니 진하고 깊은 풍미의 홍차가 주로 생산된다.

닐기리는 인도의 남쪽, 타밀나두 주에 속하는 지역이다. 닐기리는 인도에 살 때 심심하면(?) 놀러 가던 곳이다. 내가 살던 곳에서 차로 7~8시간 정도 거리에 있었는데, 드넓은 차밭이 펼쳐지는 아름다운 자연 풍경에 힐링의 시간이 필요하면 다녀오곤 했다. 닐기리는 인도 지역 언어 중의 하나인 타밀어로 'blue mountain'이라는 뜻을 갖고 있다. 꽃향기와 상쾌함이 가득한 홍차를 생산하고 있다. 연중 내내 따뜻한 편이라 한겨울에 일교차가 심하다 보니, 향기가 좋은 차를 만들어낸다. 그래서 최고의 퀄리티 시즌이 겨울이다.

다즐링, 아쌈, 닐기리 외에도 인도에서 차가 생산되는 지역은 많다. 북쪽 끝에 위치하고 있는 캉그라는 히마찰프라데시 주에 속하며, 겨울에 만들어지는 윈터 플러시가 일품이다. 다즐링과 붙어 있는 시킴에는 다원이 하나 존재하는데, 다즐링과 비슷한 지역이다 보니 맑고 향긋한 차가 만들어진다. 시킴 역시 다즐링처럼 자연 풍경이 정말 아름다운 곳이다. 그 외에도 도어스, 문나르, 메갈라야 등 인도에서 차가 생산되는 지역은 점점 늘어나고 있다. 땅이 크다는 것은 여러모로 축복받은 일이다. 떼루아(농작물을 생산하는 데 영향을 주는 토양, 기후 따위의 조건을 통틀어 이르는 말) 특징이 또렷하게 다를 만큼 넓은 땅을 가진 인도나 중국과 같은 나라의 차를 만나면, 그 맛과 향의 다양성이 그저 부러울 수밖에 없다. 그럼에도 우리는 우리가 가진 것을 잘 살려, 우리가 잘할 수 있는 것을 잘하면 되는 게 아닐까 하는 생각도 든다. 너무 부러워하지 말아야겠다. 세상사 모든 것에는 일장일단이 있으니!

조건 없는 사랑

지금 고2인 딸아이는 요즘 기숙사에서 일주일에 한 번씩 저녁 티타임을 진행하고 있다. 딸이 팽주로서 주도하는 티타임 모임은 차를 좋아하는 다른 친구들과 함께하고 있는데, 입시와 수행평가와 시험의 스트레스에서 해소되는 힐링 타임이 되어준다고 한다. 친구들은 딸아이를 티마스터 H라고 부르면서 귀여운 포스터를 손그림으로 만들어 그리기도 하고 '중국차에 특히 해박한 지식을 갖고 있음'이라는 설명을 써넣기도 했다. 주말이 되면 카페인이 없는 허브차를 추천해달라고 하며 티마스터 엄마가 골라주는 차를 친구들에게 소개하는 즐거움에 한껏 빠져 있다. 딸아이 친구들은 성인이 되면 꼭 일상찻집 티클래스를 들으러 오겠다고 약속했다고 한다. 어찌나 귀여운지! 방학이 되면 '기숙사 저녁 티타임' 멤버들에게 원데이 티클래스를 해주겠다고 했다.

지금도 육계와 봉황단총을 가장 좋아하는 딸아이는 초, 중, 고등학교 시절 내내 엄마가 자신의 멘토라고 이야기를 해왔다. 학교 상담을 가면, 발표나 글에 늘 엄마 이야기가 빠지지 않는다고 선생님들이 말씀하시곤 했다. 사랑에 빠져본 경험이 있다면 다들 알 것이다. 사랑하는 사람이 생기면, 그 사람이 좋아하는 것에 많은 관심을 갖게 된다. 아이들의 첫사랑은 다름 아닌 엄마이다. 딸은 엄마가 좋아하는 모든 것들을 좋아한다. 육계와 봉황단총을 좋아했던 이유도 그런 이유가 아닐까 싶다.

기숙사 저녁 티타임을 하면서 딸은 허브차에 새로운 관심이 생겼다고 했다. 자아가 생기고 나의 삶이 점점 또렷해지는 나이가 되면서 '나'에게 집중되는 삶을 점점 살아가고 있다. 엄마가 되기 전에는 이런 자연스러운 과정이 서운하거나 아쉬운 마음이 드는 것을 온전히 이해하기 어려웠다. 엄마의 입장이 되니, 스스로 나아가는 아이들이 대견스러우면서도 아쉬운 마음이 드는 것이 당연하다는 것을 깨닫게 되었다. 하지만 나 또한 아쉬움에 매달려 있을 수는 없는 노릇이다.

부모의 사랑은 조건 없는 사랑이라고 했던가. 아이를 키워보고 나니 그게 아니었다. 아이들의 사랑이야말로 조건 없는 사랑이다. 그 어떤 부모라고 해도 아이들을 사랑해 마지않는다. 부족하고, 불완전하고, 일관적이지 않고 감정적인 부모라 해도 말이다. 그 사랑을 받고 부모는 더 나은 사람이 되고자 노력하면서 성장하고 성숙한다.

지금까지 딸이 나에게 조건 없는 사랑을 보내주고, 엄마의 모든 것에 관심을 가졌다면 이제 내가 그럴 차례인 것 같다. 딸이 중학생이던 시절, 나는 생전 처음으로 딸이 좋아하는 J팝을 플레이리스트에 가득 담아두었고, 딸이 제일 처음으로 좋아했던 아이돌 뉴진스의 CD를 틀곤 했다. 노래를 좋아하면서 CD 플레이어를 구입한 딸의 모습은 나의 학창 시절을 생각나게 했고, 우리는 함께 줄 이어폰을 나누어 끼고 음악을 듣곤 했다. 요즘 검정치마의 가사에 몰입하며 그 감성을 가득 즐기는 딸의 모습을 보며, 콘서트 티켓팅을 응원하고, 평일에는 나도 모르게 검정치마의 노래를 흥얼거리곤 한다.

카페인과 숙면의 상관관계 때문에 저녁에 차를 잘 마시지 않던 나는 요즘 자기 전 허브차를 한 잔씩 마신다. 딸과 같이 있지는 않지만 연결되는 기분이랄까. 저녁 허브차 루틴은 나에게 사랑이다. 조건 없는 사랑, 마치 자연이 우리에게 주는 것처럼 말이다.

레시피
카페인이 없는 허브차
맛있게 우리는 방법

카페인은 잘 활용하면 참 좋은 성분이지만, 현대인의 대부분은 카페인 중독에 시달리고 있다. 카페인이 과하다는 뜻이다. 저녁 시간에 커피를 사발로 마셔도 잠을 잘 자는 사람도 실제로 뇌는 쉬지 못한다고 한다. 이런 일상이 반복되면 숙면을 취하지 못하기 때문에 만성피로로 이어질 수 있다.

건강한 성인이 카페인을 모두 배출시키는 데 평균 5시간이 걸린다고 한다. 그래서 오후 5시가 넘어가면 카페인이 들어간 음료는 마시지 않는 편이다. 이럴 때 차를 마시고 싶다면 카페인이 없는 차를 선택한다. 허브차, 루이보스차, 그리고 우리나라의 대용차들이 이에 속한다. (마테차는 카페인 함량이 높은 편에 속한다.)

허브차는 향료나 약으로 사용하기 위한 식물을 건조하여 우려 마시는 차를 의미한다. 잎, 꽃, 씨앗, 열매, 뿌리 등이 이에 속한다. 페퍼민트, 캐모마일, 레몬밤, 라벤더, 로즈마리 등 다양한 종류의 허브차가 있는데, 기본적으로 심신 안정에 도움을 주고 카페인이 전혀 없기 때문에 저녁 시간에 마시면 안정과 숙면에 큰 도움을 받을 수 있다. 자연이 주는 그 향기와 온기에 하루를 평안하게 마무리하기에도 좋다.

허브차는 여린 식물이다 보니 100도의 뜨거운 물보다 살짝 식힌 90도에 우렸을 때 그 향기를 더 풍성하게 느낄 수 있다. 기본적으로 5분 이상 길게 우렸을 때 약용 효과가 더 짙어진다고 한다. 쓰고 떫은 성분이 거의 없기 때문에 길게 우려도 부드러운 향기는 여전하다. 단일 허브차도 좋지만, 약용 효과가 있는 재료들은 블렌딩된 것을 더 추천하는 편이다. 모든 약용 식물은 약성과 독성을 동시에 지니고 있어 블렌딩을 통해 약성은 강화하고 독성은 완화시킬 수 있기 때문이다. 혹은 다양한 허브차를 번갈아가며 즐기는 것을 추천한다. 숙면에 도움을 주는 허브차를 블렌딩한 타바론의 세레니티는 저녁 티타임 루틴으로 나를 위한 최고의 선택이 되어준다.

취향이란

매년 보안여관에서 진행되고 있는 크티페(크래프트 티 페스티벌)라든지, 코엑스에서 진행되는 국제차문화대전(티월드페스티벌)에서 요즘 가장 핫한 키워드는 도자기이다. 차를 즐기는 사람들이 늘어나고, 차를 우리는 시간이 주는 휴식과 여유를 누리는 사람들이 많아지면서, 자연스레 한국의 차도구, 기물에도 큰 관심이 모이고 있다.

   취향이라는 단어를 참 좋아하는데, 취향은 각자 달라도 정답이 따로 없고, 취향이 비슷한 사람들끼리 모여도 즐겁고, 또 취향이 다른 사람들끼리 모여도 즐겁기 때문이다. 사실 나는 취향이 아주 확고한 사람이 아니라고 생각했는데, 18년간의 차생활을 통해 증명된 것이 있다면, 나는 마시려는 차의 특징을 잘 살려내어 맛있게 우려내는 차도구를 찾아 헤매는 사람이었다.

차를 맛있게 우리기 위해서는 다양한 요소들이 필요하다. 물, 좋은 차, 차에 맞는 차도구, 그리고 차를 우리는 사람의 기술, 그 외에도 분위기나 환경, 날씨 등도 당연히 영향을 미친다. 그럼에도 차를 직접 담아 우려내기에, 가장 큰 영향을 줄 수밖에 없는 차도구는 나에게 있어 중요한 선택의 요소가 되어준다.

흙과 유약의 다름이 차에 큰 영향을 준다는 것을 깨달은 후, 차도구를 다양하게 시험해 보고 적용해 보면서 가장 어울리는 차도구들을 마련하기 시작했다. 물론, '차를 맛있게'라는 것 또한 나의 취향이 적용된다. 차를 진하게 우려내는 것을 좋아하는 사람도 있고, 연하게 마시는 것을 선호하는 사람도 있다. 향이 더 좋은 차를 선호하거나, 맛이 더 묵직한 차를 선호하거나. 이 또한 사람마다 다르기 때문이다.

이는 비단 한국의 차도구에만 국한된 것은 아니다. 같은 중국의 차도구라고 해도, 같은 차를 우렸을 때 전혀 다른 결과물을 만들어낼 수 있기 때문이다. 참 재미있지 않은가. 같은 차로 다양한 맛과 향을 선사해줄 수 있다는 것은 그만큼 차를 다채롭게 즐길 수 있다는 뜻이기도 하다.

개인적으로 참 좋아하는 다섯 분의 작가님이 계시다. 내가 자주 마시는 차를 맛있게, 그리고 또 기분 좋게 우려낼 수 있는 차도구를 만드는 분들이시다. 물론, 지극히 개인적인 취향이고, 취향이란 또 변하기 마련이지만 말이다. 요즘은 워낙 나만의 색깔이 또렷한, 아름다운 기물을 만드시는 인기 있는 작가님들이 많으니 그 속에서 나만의 취향을 꼭 찾아보길 바란다. 취향이란 나의 삶을 더 다채롭게 만들어주는 것 같다. 무채색의 일상 속에, 취향이라는 색깔을 입히는 그 과정은 행복 그 자체다. 정말 그렇다.

정보

지극히 개인적인
한국차도구 취향

1. **신경희 작가님**

    '차도구'를 만들기 위해 '차'를 배우러 나를 찾아오셨던 신경희 작가님은, 지금은 너무 유명해서 모르는 사람이 없을 정도이지만 초창기 시절부터 알아 오던 나는 작가님의 단단하고 올곧은 성품을 참 좋아한다. 오직 백자 하나로만. 차의 맛과 향을 최대로 이끌어 내기 위해, 차를 우려냄에 있어 편안함과 기품을 이끌어 내기 위해 최선을 다하시는 그 모습을 잊을 수가 없다. 그런 노력의 결과로 어떤 차를 우려내도 맛있는 차도구를 만들어내셨다. 백자뿐만 아니라, 두 손으로 감싸면 차의 온기가 고스란히 전해지는 한국의 '보듬이'를 재해석하여 차와 명상을 일상에 들이신 작가님이다.

    https://www.instagram.com/shinkyunghee_pottery/

2. **산도방**

    산도방의 작가님은 사실 한 번도 뵌 적 없는 분인데, 우연한 기회에 산도방의 차도구에 한국차를 우리고 나서 반하고 말았다. 한국차의 매력을 한가득 이끌어 낸 차를 마시고 더 많은 사람들에게 알리고 싶어서, 내 공간 일상찻집에서 산도방의 전시회를 열었다. 솔직히 말하면, 그저 내가 좋아서, 수수료는 1도 받지 않고 열었던 전시회이다.

같은 경험에 깜짝 놀란 수강생분들도 산도방의 차도구를 하나씩 입양해 가셨다. 같은 차를 이렇게 멋스럽게 우려낼 수 있다는 사실에 다들 놀라셨던 것이다. 처음에는 거칠고 투박한 질감에 반했는데 요즘 다양한 시도를 하고 계셔서 그 여정 또한 진심으로 응원하고 있다.

https://www.instagram.com/sandobang/

3. **무무요**

작품만큼 유쾌하신 무무요의 작가님은 컬러풀한 색채와 재미있는 디자인으로 찻자리에 즐거움의 요소를 더해주는 분이다. 아이들과 찻자리를 할 때에도, 출강을 나갈 때에도 빼놓지 않고 들고 나간다. 한 번 보면 그 매력에서 헤어나올 수 없는 무무요의 작품들은 나의 찻자리에 큰 재미를 더해준다. 편안한 옆집 삼촌 같은 작가님을 뵐 때마다, 예술과 일상이란 결코 분리되지 않는 것임을 느끼곤 한다. 일상 예술가라는 단어가 이처럼 잘 어울리는 분이 또 있을까. 나의 일상에 예술을 더해주신 작가님의 작품을 사랑한다.

https://www.instagram.com/moomoo_studio/

4. **락요**

락요의 이태호 작가님은 오래전부터 팬심을 키워온 도자기 작가님이다. 청화백자를 워낙 좋아해서 보기만 해도 눈이 돌아가는 편인데, 이태호 작가님의 청화백자는 스토리와 개성이 가득 담겨 그냥 좋다, 너무 좋다. 도자기를 구입하면 한지에 그림을 그려서 함께 보내주시는데, 그 또한 작가님만의 숨결이 느껴지는 듯해서 액자에 담아 집에 전시해 두었다. 가족들의 띠에 해당하는 동물을 모두 그린 다관을 개인적으로 주문했는데, 나에게는 보물 같은 차도구이다. 가보로 물려줘야지.

https://www.instagram.com/taeho.yi/

5. **청화산조**

청화백자를 무척 좋아하는 내가 하동에서 우연히 만나게 되었던 작가님의 작품. 섬세하고 여성스러운 작품들과 더불어 일상에서 쉽게 만날 수 있는 나방, 달팽이, 우파루파와 같은 독특한 소재로 매력적인 작품을 만드는 작가님이시다. 한 번도 뵌 적은 없지만 작가님의 작품 세계를 열렬히 응원하며 소소하게 일상찻집 수강생분들께 추천하곤 했던 곳. 함께 판매하는 나무 차도구들도 매력 만점! 같은 작품을 여러 점 만드시지 않아 책에 담을지 말지 조금 고민이 되었지만 좋은 건 함께 나누는 게 더 즐거우니까.

https://smartstore.naver.com/chenghua_sanjo

생각의 힘

개인적으로 서양과 동양의 고전을 함께 읽는 리딩그로스라고 하는 모임을 진행하고 있다. 어릴 때부터 인문고전 책을 좋아했고, 아이들과도 꾸준하게 책을 함께 읽어오고 있다. 고전이 좋은 것은 긴 세월 인류와 함께 해온 글인 만큼 분명히 우리에게 전해주는 지식과 지혜가 있기 때문이기도 하고, 오래 전에 쓰여진 만큼 읽는 사람마다 각자의 생각을 바탕으로 서로 다른 해석을 할 수 있는 즐거움이 있기 때문이기도 하다.

지금 고등학생인 딸과 중학생인 아들은, 어릴 때 독서를 많이 한 덕분에 학교 수행평가나 논술이 훨씬 수월하다고 이야기한다. 둘 다 학원을 다니지 않았는데, 아들은 얼마 전 본인의 부족함에 도움을 받고 싶다며 수학 학원을 등록했고, 나머지 학습적인 부분은 책읽기와 인터넷강의로 채우고 있다.

아이들이 중학생이 될 때까지 집에 만화책을 들이지 않고 글자책을 함께 읽었다. 글쓰기에 취약했던 아들과는 같은 주제의 책을 읽고 서로 편지를 주고받는 활동을 하며 책 읽는 시간을 함께 나누었다. 지금도 주말 아침 티타임을 하거나, 저녁에 자기 전에는, 아이들은 손에 책을 들고 책을 읽는 시간을 자율적으로 가진다. 어린 시절의 습관이 오래도록 지속되는 모습을 보며, 좋은 습관을 심어준다는 것이 얼마나 중요한지 다시 한번 깨닫게 된다.

나의 공간 일상찻집에서 티마스터자격증, 중국차전문가 자격증반을 공부하면 첫 시간은 역사와 고전을 공부한다. 현재와 미래를 잘 살아가기 위해서는 과거에 대한 이해가 바탕이 되어야 한다고 생각한다. 이는 비단 차뿐만이 아니다. 나의 삶도 마찬가지이다. 그래서 지금 차를 마시는 우리는 차가 시작된 과거의 이야기들을 바탕으로 인류와 함께 차가 어떤 형태로 발전하고 변해왔는지를 배운다.

그리고 차에 있어 고전 중의 고전인 《다경》에 대해서 해석해 보는 시간을 갖는다. 사실 고전을 온전히 이해하기 위해서 한 번의 시간으로는 부족하다. 원문을 읽으며 직접 생각하고 해석해 보는 것이 가장 중요하지만, 현실적으로 쉽지 않은 만큼 다양한 버전의 《다경》을 읽어보라고 권해드린다. 도서관에 가면 이미 절판된《다경》부터 현재 시중에 나와 있는《다경》까지 다양한 해석본이 나와 있다. 다양한 시각으로 바라본《다경》을 읽으며 나만의 해석을 더해 보는 것이, 이 수업의 연장이자 과제이다.

  나는 차에 대해 새로 나온 만화책이나 웹툰도 즐겨 보는 편이다. 과거도 중요하지만 지금 우리가 살아가고 있는 현재와 미래가 더 중요한 까닭이다. 하지만 과거를 제대로 이해하고 있다면 더 깊이, 그리고 더 넓게 현재를 바라보게 된다. 과거를 직접 경험해볼 수 없는 우리로서는 책을 통해서 그 당시의 지식과 지혜를 전해 듣고 상상해 보는 것이 전부이기 때문이다. 어쩌면 이런 책의 내용을 바탕으로 가상과거를 직접 경험해볼 수 있는 기술이 이미 개발되었는지도 모르겠지만 말이다.

  나는 AI와 휴머노이드가 발달하고 있는 현재, 인류에게 가장 중요한 것, 그리고 인류가 결코 잊지 말아야 할 것은 인간다움이라고 생각한다. 가장 인간다운 것 중의 하나는 다름 아닌 생각의 힘이다. 이미 많은 생각의 힘을 AI에게 넘겨주고 있는 지금, 우리가 할 수 있는 것은 과거의 지혜에서 미래의 길을 찾는 것이 아닐까 싶다. 그래서 생각의 힘을 잃지 않기 위해 오늘도 나는 고전을 읽는다.

정보
차와 관련된 고전 책

1. **다경**

    차와 관련된 최초의 서적으로 알려져 있는 다경은 차의 바이블이라고도 불리우는 책이다. 당나라 시대 육우가 780년경에 집필한 책으로 총 3권 10편으로 이루어져 있다. 각각 차의 근원, 도구, 차 만들기, 차의 그릇, 차 달이기, 마시기, 산지, 그림 등에 대해 설명하고 있다. 육우는 다성, 다선, 다신으로 불리울 만큼 차에 대한 방대한 지식을 지니고 있었으며 실제로 다경에 쓰여진 내용은 현대의 연구 결과와도 일치하여 많은 이들을 놀라게 만들었다. 다양한 출판사에서 다양한 버전으로 출간되고 있으니 여러 버전으로 읽어보고 나만의 생각으로 정리해 보는 것을 추천한다.

2. **동다송**

    중국에 다경이 있다면 한국에는 초의선사의 동다송이 있다. 다경의 내용을 고스란히 옮겨 적었지만, 그럴 수밖에 없는 배경을 이해하고 나면 고개를 끄덕이게 된다. 차를 즐겨 마시던 조선 후기 정조의 부마 영명위 홍현주가 다도란 무엇인지에 대해 초의선사에게 묻게 되고 이에 대한 화답으로 동다송을 저술하게 되었다고 한다. *

억불숭유 정책이 한창이던 조선 후기, 한낱 승려였던 초의선사는 자신의 의견을 피력하기보다는 다경을 인용하여 다도에 대한 설명을 풀어낼 수밖에 없었던 것이다.

3. **끽다양생기**

끽다양생기는 일본의 에이사이 선사가 1211년에 집필한 책으로 일본 최초의 다서로 알려져 있다. 에이사이 선사는 송나라에서 선종과 함께 말차 문화를 들여왔으며 일본 차문화의 시조라 불린다. 이 책에는 차의 종류와 말차 만드는 방법, 차의 건강, 약용 기능에 대해서 기술하고 있으며 차 외에도 뽕나무와 약용식물의 활용법에 대한 내용이 담겨 있다. 이른아침에서 출판한 《끽다양생기 주해(일본 차 문화의 뿌리를 찾아서)》를 읽어보면 그 당시 차문화에 대한 이해와 더불어 생각할 거리를 찾게 된다.

---

*   이창숙, 《다도, 이미지로 마시다》, 전북일보, 2018년 5월25일
    https://www.domin.co.kr/news/articleView.html?idxno=1198236

역사와 전통이 살아 숨쉬는

인도에서 거주하던 시절 나는 인도의 종교와 신화에 많은 관심을 갖고 다양한 책을 섭렵했다. 책을 읽고 난 후에는 관련 여행지를 다니며 신화 속에 나온 장소를 눈으로 직접 확인해 보곤 했다. 우리가 불교를 문화로서 친근하게 여기는 것처럼 인도인들은 힌두교라는 문화를 바탕에 두고 있다. 천주교, 이슬람교, 힌두교 모두 힌두교라는 문화로 하나가 되는 것이다. 힌두교는 신의 형상이 굉장히 다양하다고 여긴다. 같은 신이 몇 번이고 다른 이름을 가진 다른 모습으로 환생하기도 한다. 힌두교의 수많은 신들 중에서 나와 딸이 가장 좋아했던 신은 코끼리 머리를 한 가네샤라고 하는 신이다.

힌두교의 여신 파르바티는 파괴의 신이자 남편인 시바가 긴 명상에 들어가기 위해 수련 장소에 머무는 동안 집에서 자신을

지켜줄 존재를 만들게 되는데, 이때 강황(turmeric) 향기가 나는 진흙으로 소년의 형상을 빚게 된다. 그에게 생명을 불어넣어 문지기로 삼았는데, 예상보다 빨리 집에 돌아온 시바가 자신을 막는 이 소년에게 화가 나 목을 베어버리고 만다. 이 사실을 안 파르바티가 슬퍼하자 시바는 숲에서 가장 먼저 만나는 동물의 머리를 붙여주겠노라 약속했는데, 그것이 바로 코끼리였던 것이다. 코끼리 머리를 받고 살아난 가네샤는 이 둘의 아들이 된다. 그리고 가네샤는 지혜의 신이자, 모든 어려움을 없애주는 신으로 추앙받는다.

홀리바질로 알려진 툴시는 인도에서 신성한 식물로 여겨지는데, 잘란드라의 아내였던 브린다의 정절과 관련된 신화와 연결되어 있다. 파르바티의 아름다움에 대해 들은 잘란드라는 시바에게 파르바티를 달라고 요구하고, 화가 난 시바가 그를 공격하지만, 브린다의 순결과 정절로 인해 잘란드라가 무적임을 깨닫게 된다. 그때 비슈누가 몰래 잘란드라로 변신해 브린다를 속여 정절을 깨트리고, 잘란드라는 힘을 잃고 패배를 하게 된다. 브린다는 죽은 남편을 따라 불속에 몸을 던지는데(남편이 죽으면 아내가 따라 죽는다는 옛 인도의 전통으로, 사티라고 한다) 툴시로 환생하게 된다. 그래서 그 이후로 툴시는 비슈누에게 바치는 식물이 되고 악과 불행, 병을 막아준다고 알려져 있다.

인도는 오래 전부터 구전으로 전해져 내려온 '지식'을, 기원전 1500년경부터 기록으로 남긴 '베다'를 바탕으로 힌두교, 요가, 아유르베다와 같은 다양한 문화를 발전시켜 왔다. 그래서 요가를 배우다 보면 그 모든 것이 하나로 연결되어 있음을 알게 된다. 기원전의 기록에 담긴 내용을 수천 년이 지난 지금까지도 일상에서 실천하고 있다는 사실이 정말 놀랍지 않은가? 그 깊이와 방대함을 어찌 감히 상상할 수 있을까.

그래서 가장 쉽게는, 인도의 한의학이라고 표현할 수 있는 '아유르베다'를 기본으로 하는 차를 만나면 특히 더 반갑다. 위에서 언급한 터메릭과 툴시는 아유르베다에서 가장 기본이 되는 재료이고 인도인들의 일상 속에서 흔하게 만날 수 있는 재료이다. 터메릭 가루를 노란 색으로 분칠하듯 얼굴에 가득 바르기도 하고

(터메릭 향기 덕분에 모기에 잘 물리지 않는다고 한다), 액운을 없애기 위해 툴시를 마당에 잔뜩 심어두기도 한다.

5천년의 역사를 지니고 있는 차(tea), 카멜리아 시넨시스나 아유르베다 허브차, 혹은 우리나라의 대용차와 같은 약용 식물들은 인류와 함께 역사를 같이 해왔던 것이다. 요즘 한국에서도 센템과 같은 대용차 블렌딩의 차가 등장하고 있는데 선조들의 지혜와 우리의 역사를 현대적으로 해석한 이런 제품들은 너무나 반갑다. 전통이란 결국 과거와 현재를 얼마나 잘 연결하고 이어가느냐가 관건이니까 말이다. 전통을 과거에 가두고 멈추어 있느냐, 현재에 살아 숨쉬게 하느냐는 지금을 살아가는 오롯이 우리의 손에 달려 있다.

정보

아유르베다/대용차
브랜드 추천

1. **푸카**

   아유르베다를 기본으로 하고 있는 영국의 브랜드이다. 푸카는 '진짜의', '최고 품질의'라는 뜻을 가진 힌디어이다. '터메릭 골드'와 같이 강황을 넣은 허브차, '쓰리 시나몬 티'와 같이 시나몬 세 가지를 블렌딩한 차, 본문에서 언급했던 '툴시 클래리티 티' 등 허브차를 기본으로 다양한 차종이 있다.

   https://www.pukkaherbs.com/uk/en/

2. **요기 티**

   영국에 푸카가 있다면 철저하게 아유르베다 허브를 바탕으로 한 미국의 요기 티가 있다. (미국에서 시작되어 지금은 유럽으로 넘어갔다) 요기는 요가를 마스터한 사람을 의미하는데(여자는 요기니라고 한다) 이름에서도 알 수 있듯 요가와 아유르베다를 바탕으로 한 기능성 허브차들을 다루고 있다. 넥웜, 디톡스, 베드타임 등 다양한 기능성 차를 갖추고 있다.

   https://yogi-life.com/en-US

3. **리쉬 티**

   리쉬는 산스크리트어로 현자라는 뜻을 가지고 있다. 신에게 받은 지혜를 전달해 주는 사람이라는 뜻이다. 리쉬 티는 '터메릭 망고 티'와 같이 아유르베다를 기반으로 한 차뿐만 아니라 도라지 블렌드와 레몬시소쑥과 같은 한국의 재료를 활용한 차, 그 외의 다양한 차종을 가지고 있다. 블렌딩이 훌륭한 미국 브랜드이다. 한국에 정식 수입이 되어 있다.

   https://www.rishi-tea.co.kr/

4. **센템**

   한국 하동, 제주 등 한국의 재료를 바탕으로 만든 본연 테라피스트 티를 출시했다. 쑥, 도라지, 비트, 자두, 감잎 등 한 가지 자연 원물로 단정한 한 잔의 차를 선사해 준다. 차뿐만 아니라 웰니스 라이프를 위한 다양한 아이템을 포함하고 있다.

   https://sentem.co.kr/index.html

5. **우리꽃연구소**

   한국의 다양한 꽃차와 꾸지뽕차, 헛개차, 뽕잎차 등의 여러 가지 건강차뿐만 아니라 수제꽃청과 꽃차코디얼 등을 다루는 한국의 꽃차 전문 브랜드이다. 꽃차 푸딩잼과 같이 다른 곳에서 쉽게 만나보기 힘든 다양한 꽃차 제품들을 다루고 있다.

   https://smartstore.naver.com/cconlab_official

풍류다실

지금 살고 있는 우리 집에서 가장 좋은 점을 손꼽으라면 거실 창밖으로 펼쳐지는 산 풍경이다. 아침마다 새들이 지저귀는 소리에 잠을 깨고, 산등성이 위로 뜨는 일출 광경을 매일 아침 볼 수 있고, 봄이면 연둣빛으로, 여름이면 짙은 녹음으로, 가을이면 바알간 단풍으로, 겨울에는 소복소복 하얗게 눈이 쌓인 풍경으로, 사시사철 변해가는 산의 풍경을 바라보는 것만으로도 마음이 넉넉해지기 때문이다.

   국립국어원의 표준국어대사전에 따르면 '풍류'란 멋스럽고 풍치가 있는 일, 또는 그렇게 노는 일을 뜻한다. 여기서 풍치란 훌륭하고 멋진 경치를 의미한다. 풍류를 즐기려면 멋진 경치가 필수라는 뜻이다. 자연과 함께 어우러지고자 하는 마음이 담겨 있는 단어가 바로 풍류이다. 중국에서도 예로부터 지금까지 자연 속에서 차를 즐기는 것을 최고로 생각해왔다.

일상찻집을 찾아오시는 분들 역시, 차 한 모금 마시고 산을 바라보는 것만으로도 힐링이 된다며 창밖의 풍경을 참으로 좋아해주신다. 5년, 7년, 10년, 15년…… 오랜 시간을 일상찻집과, 그리고 나와 함께 해주신 수강생분들은 이제 단순히 스승과 제자의 사이를 넘어선 진정한 다우가 되었다. 이분들과 차와 함께하는 정취를 조금 더 의미 있게 나누고자 고민한 끝에, 얼마 전부터 '풍류다'를 시작하게 되었다.

풍류다는 차와 음악, 그림, 시, 그리고 사람이 함께 어우러지는 풍류의 장을 의미한다. 일상찻집에서 정기적으로 모임을 가지며 그달의 주제에 맞게 스터디를 하고 발표하며 차를 마시는 시간이다. 그림, 음악, 시에 어울리는 좋은 차를 선별하는 것은 나의 몫이다.

자연을 그리고, 자연을 쓰고, 자연을 연주하던 옛 사람들이 남긴 풍류를 감상하며, 오래 전부터 이어져 온 전통 방식으로 제다한 차를 우려내어 그 옛날의 정취를 느껴보고자 한다. 가장 자연스럽게, 가장 자연에 가깝게 만들어진 차는 마셨을 때의 운치가 다르다. 차를 한 모금 마시고 눈을 들면 멋스러운 그림이 한 점 놓여 있고, 슬쩍 고개를 돌리면 바람에 흔들리는 새들의 보금자리, 나무가 가득한 산의 녹음이 펼쳐져 있다. 자연이 준 선물을 오롯이 즐기며 그렇게 풍류에 빠져보는 시간을 함께 나눌 수 있다는 것은, 차와 함께 한 삶이 나에게 주는 가장 큰 행복이다.

  매일 마감에 치여 바쁘고 조급하고, 어느 한 명 도와주는 사람 없던 갓난쟁이 독박 육아에 목끝까지 서러움과 불안함이 꾹꾹 차오르던 20대의 끝자락. 그 시절 차 한 잔의 향기를 나에게 선사해주며 내가 직접 만들어갔던 여유의 시간이 지금의 나를 이루었다. 기억하자. 여유란 주어지는 것이 아니라 만들어가는 것이다.

인문

차와 함께 살아간
조선시대 문인들

1. **김시습**

   조선 초기의 문인이자 학자로 생육신 중의 한 명이다. 계유정난에 불만을 품고 은둔생활을 하다가 승려가 되어 산에 집거하며 시와 저술에 전념하였다. 세조 10년(1465년), 경주 금오산에 금오산실이라는 초막을 짓고 은거하며 매화와 대나무를 가꾸고 차를 마시며 지은* 시 100수를 모은 산거집구는 자연과 은거, 차, 해탈에 대해서 다문 글이다. 집구란 옛 시인들의 시에서 한 구절씩 따와서 새로운 시를 짓는 형식을 뜻한다.

   산거(山居)
   掃石仍烹茗 (소석잉팽명) 바위를 쓸고 차를 끓이며,
   焚香且看山 (분향처간산) 향을 피우고 산을 바라본다.
   非仙亦非佛 (비선역비불) 나는 신선도 부처도 아니지만
   箇中眞箇閑 (개중진개한) 이 가운데 진정한 한가로움이 있다.

2. **이황**

   조선 중기의 문신이자 학자로 한국을 대표하는 성리학자이다. 이황은 자연을 사랑하고 풍류를 즐기며 심신 수양을 쌓아 선비 정신을 실천한 인물이다. 자연과의 교감을 중요시 했던 이황은 차와도 가까이

지낸 인물이었다. 다경과 다록을 읽고 주자가례를 통해 다도구에 대해서도 소상하게 알고 있었다고 한다. 대나무로 지은 죽원에서 계수나무를 주워 차를 끓이기도 했다.** 이황이 지은 연시조 도산육곡에 차에 대한 언급을 한 구절들이 등장한다.

3. **정약용**

조선 후기의 문신이자 실학자로 유배지에서도 학문과 글쓰기를 멈추지 않고 더 나은 사회를 만들기 위해 노력한 실천적 지성인이었다. 강진에서 유배 생활을 하던 시절, 다산초당에서 초의선사와 교류하며 한국의 떡차를 마셨다. 책《유배지에서 보낸 정약용의 편지》를 보면 초의선사에게 남긴 편지를 읽어볼 수 있다.

4. **김정희**

정약용과 동갑내기 친구였던 김정희는 조선 말기의 문인으로 실학자이자 서화가이기도 하다. 정약용의 아들 정학연이 아버지의 유배지에 갔다가 초의선사를 만났고, 초의선사가 한양에 갔을 때 정학연의 소개로 김정희를 만나게 되어 인연이 시작되었다. 초의선사는 매년 만든 차를 김정희에게 보낼 만큼 각별한 사이였고 초의선사, 추사 김정희, 다산 정약용은 차를 매개로 이어진 인연이었다. *** 제주에서 유배를 할 때에도 초의선사에게 차를 보내달라고 청했던 일화는 유명하다. 추사 김정희의 유명한 그림 세한도를 감상하며 차를 한 잔 즐겨보자.

* 황원갑, 김시습의 '금오신화' 풍류선비, 대장부, e코노미 톡뉴스, 2012년 10월호
https://www.economytalk.kr/news/articleView.html?idxno=66604

** 박정진, 조선의 선비 차인들, 세계일보, 2012년 12월 17일
https://www.segye.com/newsView/20121119023417

*** 정준양, 식물로 보는 한국사 이야기, 소년한국일보, 2025년 3월 18일
https://www.kidshankook.kr/news/articleView.html?idxno=13180

미니멀리스트 vs 맥시멀리스트

한때 미니멀리스트를 꿈꾸었던 적이 있다. 도미니크 로로의 《심플하게 산다》와 법정 스님의 《무소유》는 내가 가장 아끼는 책 중의 하나이다. 차를 처음 시작하던 20여 년 전, 영상번역가로서 매일 마감에 치이며 열정적으로 일을 했지만, 프리랜서 임산부라는 이유로 옷도, 화장품도, 신발도, 나를 위한 그 어떤 소비도 하지 않던 나는, 나를 위한 티타임을 위해 찻잔을 하나씩 사모으기 시작했다. 당시의 나에겐 나만의 규칙이 있었는데, 찻잔은 최대한 빈티지로, 그리고 무조건 1조씩만 구입하자는 것이었다.

빈티지나 앤틱 찻잔은 누군가 사용하던 것이지만, 새로이 생산할 필요가 없이 찻잔을 재사용할 수 있다는 점에서 매달 구입하는 것을 납득할 수 있었고, 누군가의 이야기와 세월이 담겨 있다는 점, 그리고 더 이상 생산되지 않는다는 점이 나에겐 매력으로 다가왔다. 욕심을 부리면 끝이 없지만 나의 공간은 한정적이다 보니 가족들과 티타임을 갖거나, 혹은 친구들이 놀러와도 다양한 찻잔들을 믹스매치하며 사용하는 것을 즐겼다. 세트로 구입하여 테이블 세팅을 하는 것은 돈만 있으면 누구나 할 수 있지만, 다양한 스타일의 찻잔을 센스 있게 믹스매치하는 것은 즐거운 도전이 되어줄 수 있었기 때문이었다.

그렇게 차를 취미로 즐기다 일이 되면서 이제 찻잔과 그릇과 차도구를 사는 일은 더 이상 미니멀해질 수가 없게 되었다. 서양의 빈티지나 앤틱 찻잔 대신, 아이들과 차생활을 하면서 데미타스 잔을 사용하기 시작했고, 티클래스에 오신 분들께도 데미타스 잔을 내어드리다 보니 한두 조로는 부족했다. 티클래스를 하다 보면 세트가 필요한 상황도 생기고, 중국차를 시작하면서 중국의 차도구가, 한국차를 마시면서 한국의 차도구가, 일본차를 시작하면서 일본의 차도구가 필요해졌다. 세계의 차를 가르치면서 세계의 차도구마저 들이게 되니 수업 때문이라고는 하지만 점점 더 차와 관련된 기물들이 늘어날 수밖에 없었다.

인도로 훌쩍 떠날 당시에 이 모든 찻잔과 차도구를 직접 다 포장해서 들고 갔다. 그만큼 나에겐 애정이 담긴 존재들이었다. 돌아올 때는 큰 마음을 먹고 벼룩시장을 열어 차도구의 반을 누군가에게 넘기고 돌아왔다. 내가 빈티지 찻잔을 구입할 때의 마음처럼, 누군가의 집에서 누군가의 이야기를 더해 좋은 시간을 함께하길 바라면서 말이다.

보여지는 것이 전부가 아니라는 것은 여전히 잘 알고 있다. 그럼에도 나는 보여지는 것이 중요한 세상에 살고 있고, 누군가에게는 맥시멀리스트이지만 또 누군가에게는 미니멀리스트가 될 수 있는 그런 삶을 살아가고 있다. 맥시멀리스트라고 인정해버리는 순간 가차 없이 차도구를 늘리게 될 것 같아, 미니멀리스트를 꿈꾸는 맥시멀리스트로 살아가고 있는 것이다.

가끔은 거실 창밖에 펼쳐진 산 풍경을 바라보며 산중칩거를 떠올린다. 산속에 지은 작은방 한 켠에, 소박한 차도구 단 한 세트만을 구비해 두고 샘물을 길어 차를 우려 마시며 사는 더없이 단순하고, 자연스럽고, 절제된 삶. 당장 할 수 있는 최선은, 마음만큼은 미니멀리스트로 살아가는 것이다. 비우고 또 비우며, 그렇게 공명해본다.

정보
차도구 소개

1. **표일배**: 초보자분들에게 추천하는 가장 편하고 실용적인 차도구이다. 찻잎을 넣고 물을 부은 후 단추를 누르면 차가 우려지는 쉬운 차도구이다. 간편하게 차를 우릴 수 있다 보니 사무실에 하나 갖다 두고 써도 좋고, 바쁠 때 꺼내어 간단히 차를 우려 마시기에도 좋다. 단추를 누르면 찻물이 내려온다는 점에서 아이들과 차생활을 시작할 때에도 강추한다. 서로 단추를 누르려고 차를 홀짝홀짝 마셔대는 모습이 얼마나 귀여운지 모른다.

2. **찻주전자**: 차를 우리는 찻주전자는 영어로는 티포트, 한국어로는 다관, 중국어로는 차호라고 한다. (그래서 자사로 만든 티포트를 자사호라고 부른다) 서양에서는 보통 300ml, 500ml 큰 용량을 사용하지만 동양에서는 보통 100ml 전후의 작은 사이즈를 사용한다. 도기와 자기 모두 가능하다.

3. **개완**: 중국에서 가장 많이 사용하는 차도구이다. 중국에서는 차를 마실 때에도 사용하지만, 차를 우릴 때에도 사용하는 차도구에 속한다. 보통 용량은 120ml 전후로 만들어진다. 배개, 배신, 배탁, 3가지로 이루어져 있는 것이 전통적인 형태이며 각각 하늘, 사람, 땅을 의

미한다. 차를 통해 자연과 어우러진다는 천일합일의 의미를 지닌 차도구이다.

4. **찻잔/다완**: 차를 마실 때 사용하는 찻잔은 서양식으로 용량이 크고 손잡이가 달린 잔, 혹은 동양식으로 손잡이가 없고 작은 용량은 잔이 있다. 다완은 보통 말차를 격불할 때 사용하는 사발과 같은 큰 잔을 의미한다.

5. **기목육용**(다예육용, 다예육군자): 찻잎이나 차도구를 다룰 때 사용하는 도구를 뜻하며 차침, 차협, 차시, 차칙, 차루, 차통이 있다. 차침은 차호에 낀 찻잎을 제거할 때 사용하고 차협은 집게로 찻잔을 집을 때 사용하는 도구이다. 차시는 찻잎을 차호나 개완에 넣거나 우리고 난 찻잎(엽저)을 꺼낼 때 사용하는 도구이며, 차칙은 찻잎이 들어 있는 차엽관에서 찻잎을 덜어낼 때 사용한다. 차루는 차호에 찻잎을 넣을 때 찻잎이 옆으로 흐르지 않도록 차호 위에 올려놓고 사용하는 도구이며 이 모든 차도구를 담아두는 곳이 바로 차통이다.

6. **다하**: 찻잎을 차호나 개완에 넣기 전에 차를 보관하는 차엽관에서 덜어 담아두는 곳을 뜻한다.

7. **퇴수기**: 찻자리에는 예열한 물이나, 남은 차 등 물을 버릴 일이 빈번하다. 물을 버릴 용도로 사용하는 도자기나 통을 퇴수기라 부른다. 영어로는 슬랍 볼(slop bowl)이라고 한다.

8. **차판/호승**: 습식 찻자리를 가질 때 사용하는 트레이를 차판이라고 부르며, 아래로 물이 흘러들어갈 수 있도록 고안되어 있다. 건식 찻자리에서 차호나 개완 등 차도구만 올려두는 차도구를 호승이라고 부른다.

> Tip **애정하는 차도구 구입 좌표**

1. **오후반차** : 감성 가득한 다양한 차도구를 갖추고 있는 곳
   https://brand.naver.com/ohubancha

2. **부부웍스** : 단아한 찻자리의 정석
   https://smartstore.naver.com/boubouworks

3. **와드몰** : 없는 게 없는 최대 규모의 차도구 쇼핑몰
   https://wadmall.com/

4. **마이티룸** : 중국 작가들의 차도구를 만날 수 있는 곳
   https://smartstore.naver.com/mytearoom

향기를 듣는 잔

6대 다류 중에서 가장 좋아하는 차가 무엇이냐고 물으면, 나는 어김없이 청차(우롱차)라고 답한다. 1년 365일 매일 아침 차를 마시면서 가장 빈번하게 선택하는 차 역시 청차이다. 아마 모르긴 몰라도 300일은 청차를 선택하지 않을까 싶다. 물론, 산화도에 따라 너무나 다양한 종류의 청차가 존재하기에 맛과 향의 스펙트럼이 가장 넓은 다류이긴 하지만, 청차는 6대 다류 중에서 향기가 가장 좋은 차이다. 맛과 향이 화려하고 농후하다. 그런 청차를 가장 잘 우려낼 수 있고 감상할 수 있는 차도구는 개완과 문향배이다. 익숙해지면 가장 편하고 손쉽게 사용할 수 있지만, 처음 사용하는 이들에게는 조금 어려운 차도구이기도 하다. 자기로 만든 개완은 차의 향기를 감상하기에도 좋고, 향이 좋은 청차를 밸런스 좋게 우려내는데 좋은 차도구이다. 문향배는 길쭉한 모양의 찻잔처럼 생겼는데, 향기를 듣는 잔이라는 뜻이다. 어쩜 이렇게 시적인 표현을 했는지 모르겠다. 차를 잠시 담아두었다가 문향배에 담긴 차를 찻잔에 옮겨 담은 후에 문향배 안에 갇혀 있는 향기를 감상하면 된다.

엄마 따라 청차를 종종 마시던 딸과 아들은 개완도 익숙하게 잘 다루고, 문향배도 유려한 손짓으로 사용한다. 문향배에 남아있는 향기를 한껏 감상하고 '와, 정말 좋다'라고 감탄사를 내뱉곤 한다. 향기를 맡다 보면 나도 모르게 감탄사를 내뱉게 되니, 그래서 문향배가 아닐까 하는 이야기를 하곤 한다. 일상찻집 티클래스, 혹은 출강을 나가 청차 수업을 할 때에도 문향배는 잊지 않고 챙기는 차도구이다. 짙은 청차의 향기를 감상하고 나서 감동하는 수강생분들의 황홀한 표정과 감탄사를 듣기 위해서 말이다.

문향배를 사용할 때마다 이런 생각을 해본다. 향기를 맡는 것은 누구나 쉽게 할 수 있는 일이지만, 향기를 듣는 일은 어쩌면 이 차의 향기에 온전히 집중했을 때만 가능한 일이 아닐까 하는 생각 말이다. 마음챙김, 마인드풀니스라는 것은 지금 이 순간에 오롯이 집중하고 있음을 뜻한다. 워낙 '멀티'가 발달할 수밖에 없는 현대인들에게 한 가지에만 집중하는 일은 때론 쉽지 않다. 차 한 잔과 문향, 향기를 듣는 시간을 통해 오감을 집중하는 것은 또 다른 형태의 마음챙김 명상이 되어준다.

그래서 그런지 문향배를 사용한 수업을 하고 나면, 다들 표정부터 편안해짐을 느낄 수 있다. 코에서 문향배를 미처 떼지 못하고 향기에 집중하는 모습을 보면 내 마음까지 평안해진다. 집에서도 아이들이 시험 기간이 되어 스트레스를 받는 듯하면, 살포시 문향배를 꺼내어 차를 우려내곤 한다. 잠시 잠깐, 아름다운 차 향기에 집중하다 보면 스트레스를 받던 원인을 잊게 되고 오직 그 향기에 집중하며 황홀해 하기 때문이다.

아직 향기를 들어본 적이 없다면, 문향배를 꼭 한 번 사용해 보길 바란다. 개인적으로 대만의 고산우롱차, 동방미인 혹은 중국의 봉황단총을 추천한다. 한국의 섬진다원, 혜림농원의 백차나 백학제다에서 만든 만송포도 좋다. 차 한 잔의 향기를 듣는 시간이 나에게 매일 주어진다면, 나는 매일 마음챙김을 하고 있는 셈이다.

정보

문향배 사용법

문향배는 향기를 듣는 잔이라는 뜻으로, 차의 향기를 오롯이 즐기기 위해 길고 좁게 만들어진 잔이다. 차의 향기가 쉽게 흩어지지 않고 잔 안에 오랫동안 가둘 수 있도록 고안되었다. 우롱차를 주로 생산하던 대만에서 1970~80년대에 만들어진 차도구로 찻잔(다른 이름으로 품명배)과 세트로 사용된다.

1. 우려낸 차를 문향배에 따른다.
2. 찻잔(품명배)으로 문향배를 덮은 후 두 개의 잔을 동시에 잡고 재빨리 뒤집는다.
3. 문향배를 살살 돌려 찻물을 찻잔에 빼낸다.
4. 찻물이 비워진 문향배를 두 손바닥 사이에 끼워 손의 온기로 문향배를 돌리며 향기를 감상한다.
5. 향기를 즐긴 후 찻잔에 담긴 차를 마시며 차와 향기의 조화를 느껴본다.

차를 마시기 전 후각을 통해 향기를 충분히 느낀 후 차의 맛을 감상하게 되면 맛과 향의 어우러짐을 더욱 또렷하게 즐길 수 있다. 찻잔을 비운 후, 식은 문향배에 남은 향기 또한 감상해 보자. 뜨거울 때의 열문, 따뜻할 때의 온문, 그리고 식었을 때의 냉문 모두 서로 다른 향기를 선사해 준다.

*일본에서는 무로마치 시대에 향의 미묘한 차이를 구별하며 맞추는 놀이인 '문향'이 있었다고 한다. 대만에서 고안된 잔이지만 그 단어의 유래는 일본이 아니었을까 추측해볼 수 있는 부분이다.

책, 차 그리고 삶

18년째 엄마로 살아가면서 반성한 적도, 후회한 적도 많지만, 사람이란 본래 완벽하지 않은 존재이다. 그렇기 때문에 아이들을 키우면서 배우고, 성장하고 있다는 생각을 종종 한다. 사람이라면 누구나 실수를 하고 잘못을 한다. (그렇지 않다면 그건 신이지 사람이 아니지 않을까) 그 안에 갇혀 후회하고 곱씹기보다, 실수와 잘못을 받아들이고 개선해 나가는 태도야말로 내 삶을 위해, 그리고 아이들의 삶을 위해 꼭 필요하다고 생각한다. 그 와중에 다시 돌아봐도 엄마로서 정말 잘한 게 있다면, 아이들과 매일 아침 차를 마셨던 것, 함께 시간을 보내고 같이 플래너를 쓰며 자기주도학습의 길로 안내했던 것, 여행을 많이 다니고 제주도에서 한달살이를 하곤 했던 것, 북카페 콘셉트로 TV 없는 거실을 유지했던 것, 그리고 책을 같이 읽고 독후활동을 했던 것까지 5가지를 꼽을 수 있다. 아직 아이가 어리다면 이 중에 하나씩 골라 꼭 지속적으로 해보길 권하고 싶다. 나에게도 아이들에게도, 소중한 가족 문화유산이 되어주었기 때문이다.

중·고등학생인 딸과 아들은 지금도 수행평가 기간이 되면 '어릴 때 책을 많이 읽어서 도움이 된다'라는 말을 제법 자주 한다. 책을 많이 읽었다고 해서 반드시 학업 점수가 높다는 뜻은 아니지만 적어도 도움은 된다는 뜻이다. 나도 어릴 적 책을 참 많이 읽었다. 맞벌이여서 늘 바쁘셨던 부모님이셨지만, 책만큼은 원 없이 사주셨던 기억이 난다. 주말이면 청계천 중고 책방에 다함께 가서 중고 전집을 잔뜩 실어 오곤 했으니까 말이다. 그런 날은 새벽까지 쭈그리고 앉아 책을 읽었던 추억이 아직도 생생하다.《누구를 위하여 종은 울리나》,《독일인의 사랑》과 같은 고전 문학이었다.

스스로 혹은 친구들과 알아서 독후활동을 잘하던 딸과 조금 달랐던 아들과는 독후활동으로 편지를 주고받았다. 편안하게 글쓰기를 하다 보면 글쓰기에 대한 재미를 느낄 수 있을 것 같아서였는데, 그중에서 아들이《유배지에서 보낸 정약용의 편지》를 읽고 써준 편지는 지금도 잊을 수가 없다. 단순히 책을 읽은 줄거리가 아닌, 삶의 태도와 성찰을 더한 감동적인 편지였다.

모든 것이 너무나도 빠르게 흘러가는 세상이지만, 나는 여전히 모든 것에는 순서가 있다고 생각한다. 글을 잘 쓰려면 글을 많이 읽어야 한다. 미묘한 감정의 선, 섬세한 묘사, 혹은 이성적이고 합리적인 고찰이 담긴 정말 좋은 글을 읽으면 문장과 단어를 곱씹게 된다. 음식도 꼭꼭 씹어야 소화가 되듯이 글도 꼭꼭 곱씹어야 내 것이 된다. 그런 시간이 쌓이면 그제야 나의 글을 쓸 수 있게 되는 것 같다. 그런 점에서 아이들과 함께 책을 읽어온 시간이 조금씩 빛을 발하는 듯했다. 그 시간은 엄마인 나에게도, 자식인 아이들에게도, 큰 마음의 양분이 되어주었다.

차를 한 잔 우려놓고 아들과 함께 정약용의 편지를 읽으며 글을 끄적이는 시간은 얼마나 낭만적인가. 아들에게 쓰는 정약용 선생님의 편지는 내 아들의 마음에도 와닿는 듯했다. 이 책을 읽는 동안 우리는 한국의 떡차를 몇 번이고 우려내어 마셨다. 다산 정약용 선생님도 이 편지를 쓰시며 한국의 떡차를 우려 드셨으리라. 시공을 초월한 공감을 경험할 수 있는 것은 바로 책, 그리고 차 덕분이다.

레시피
한국의 떡차 우리기

엽전처럼 생긴 한국의 청태전은 '푸른 이끼가 낀 엽전'이라는 뜻의 떡차이다. 우리 고유의 전통차로 삼국시대부터 전라남도 장흥에서 만들어졌는데, 중국 당나라 시대에 차를 만들던 방식과 같이 찻잎을 쪄서, 절구에 찧은 다음 엽전처럼 둥글고 납작하게 만든 후 가운데에 구멍을 뚫어 건조, 숙성시킨 차이다. 청태전이라고 하면 빼놓을 수 없는 곳이 장흥의 보림사인데, 도의선사가 37년간 당나라에서 차를 익혀 귀국하면서 가져온 차나무 종자를 보림사에 심어 엽전 모양의 굳은 차를 만드는 방법을 전했다는 기록이 있다.

청태전 우림법
1. 차탕기에 물을 100도로 끓인 후 청태전 1알을 넣는다.
2. 100도 보온 상태로 10분~20분간 취향에 맞게 우려낸다.
3. 거름망에 걸러 따라 마신다.
4. 같은 온도로 물의 양을 줄여 두세 번 더 우려 마신다.

한국의 오랜 문화 유산인 청태전은 요즘 티백 형태로도 구입이 가능해 간편하게 맛을 볼 수 있고, 카카오톡 선물하기에서도 만나볼 수 있다.

초심을 지킨다는 것

넷플연가에서 '세상의 모든 차'라는 주제로 차모임을 진행하고 있다. 찻잔이며 티포트, 티푸드까지, 바리바리 짐을 잔뜩 싸 들고 밤마다 서울로 향하는 길은 결코 쉽지 않지만 분당 일상찻집에서 만날 수 없는 새로운 사람들을 만나서 차를 전하는 일이 그저 즐겁다. 참가자분들 역시 화요일 저녁 7시 30분, 퇴근 후 지친 몸을 이끌고 이곳까지 오는 일이 쉽지 않을 텐데 빠지는 분 거의 없이 이 시간을 오롯이 즐겨 주신다. 모임을 마치고 정리한 후에 집에 도착하면 12시가 다 되는 시간임에도 차 모임을 하고 돌아오면 에너지가 가득 차는 기분이 든다.

 넷플연가에는 차를 좋아하거나, 관심을 갖기 시작하신 2030분들이 많이 오신다. 무척 반갑게도 나와 연령대가 비슷하신 40대 분들도 계시지만 대다수가 2030분들이시다. 하루 일과가 무척 힘들었지만 이곳에 와서 차를 마시면 스트레스가 해소되고 기분이 좋아진다며 두 눈을 반짝이며 차를 우리고, 마시고, 설명에 집중하는 모습이 너무 예쁘다. 차에 한창 빠져들던 나의 20대 시절도 떠오르고 말이다. 그때는 갓난쟁이를 키우고 프리랜서로 일하면서, 매일 하루도 빠짐없이 차를 마시고 시음기를 남겼다. 마신 차의 티백을 전부 스크랩을 해두고 티백 꽁다리도 잔뜩 모아둘 정도로 바지런했다. (현재 티클래스 자료로 활용 중이다.)

차를 마시는 인구가 늘었음에도 불구하고, 여전히 커피나 다른 음료에 비하면 소수에 해당하다 보니, 다우를 찾는 일이 생각보다 쉽지 않다. 그래서 차에 빠져드는 사람들은 클래스에서 다우를 만드는 일이 흔하다. 세상의 모든 차 시즌 1의 멤버분들은 지금도 종종 모임을 열어 함께 차를 마시거나 행사에 참여한다. 큰돈을 주고 구입한 차도 아낌없이 함께 나누어 마신다. 이번 시즌 2에도, 귀한 대만의 비새차 두등장 동방미인을 들고 오셔서 함께 우려 마시며 즐거워해 주시던 분이 계셨다. 일본 출장 길에 잇포도의 프리미엄 센차와 교쿠로를 사오셔서 함께 나누어 마시고 통 크게 한 봉지를 그냥 선물로 주시기도 했다.

이런 모습은 나눔으로서 채워지는 마음과 관련이 있다. 경제적으로 넉넉하다고 해서 많이 베풀고, 그렇지 않다고 해서 베풀지 않는 것은 아니라는 걸 다들 잘 알고 있을 것이다. 차를 처음으로 좋아하던 시절, 누군가에게 아낌없는 나눔을 받아 차를 접하고 행복해하던 기억들, 힘들게 직구로 구입한 차들을 아무런 조건 없이 나눔하며 기뻐하던 순간들을 떠올려보며, 나는 얼마만큼 초심을 지키고 있는지를 돌아보게 된다.

   17년간 차교육이라는 일을 꾸준히 해오면서 정말 다행인 건, 단 한 번도 후회하거나 혹은 재미없었던 적이 없었다는 점이다. 몇 년 동안 변함없이 나를 찾아주시는 수강생분들께는 늘 감사한 마음과 더불어 함께 차를 마시는 평안함이 깃들고, 새로이 시작하는 클래스에서는 처음 뵙는 분들에게 어떻게 차의 즐거움을 전할지 고민하며 설렘이 가득하다. 한결같이 즐겁고 기쁘고 행복한 일이 되려면, 초심을 잃지 않는 일이 참 중요한 것 같다. 내가 왜 이 일을 시작했고, 어떤 마음이었는지를 매 순간 기억하면 단순해진다. 초심을 잃지 않기란 참으로 어려운 일이지만, 이처럼 차에 순수하게 빠져드는 수강생분들이 계시기에, 그 모습을 보면서 나를 돌아보게 된다. 역시 사람은 어울려 살아가야 한다. 그래야 보고, 깨닫고, 배우고, 느낀다.

레시피

하이볼을 위한
온침 보드카

넷플연가 '세상의 모든 차'의 하이라이트는 테이블 위 6~7가지 차를 만난 후 차와 술의 재미있는 페어링을 선보이는 시간이다. 그중에서 특히 인기가 많았고, 누구나 쉽게 집에서 만들 수 있는 레시피를 하나 소개한다.

이 레시피는 차도 좋아하지만 술도 참 좋아해서(마시는 건 다 좋아한다) 15년 전 우연히 만들어보게 되었던 레시피였다. 무색무취의 보드카를 추천하지만, 조금 저렴한 걸 쓰고 싶다면 소주도 괜찮다. (새로 소주도 추천한다.)

1. 보드카 750ml 기준에 차를 15g 넣는다. 대만의 고산 우롱차나, 동방미인과 같이 향이 좋은 우롱차도 좋고, 가향된 마리아쥬 프레르와 같은 프랑스 브랜드나 TWG의 프렌치 얼그레이도 좋고, 보이숙차도 매력적이다. (차마다 서로 다른 매력이 있으니 다양한 차로 시도해보는 걸 추천한다.)

2. 찻잎을 넣은 후 상온에서 1~2일 정도 우려낸 후 찻잎을 거른 원액을 보관한다. 이는 그 어떤 칵테일을 위한 베이스로 쓸 수 있는데, 가장 기본적으로는 하이볼처럼 탄산수나 진저에일을 첨가하여 즐기면 향기가 끝내준다.
3. 우려낸 원액은 냉장고에 보관하여 사용한다.

온침 보드카 원액으로 다양한 티칵테일을 만들어 즐겨보시길!

가내수공업

엄마는 평생 맞벌이로 살아오셨지만 그 시대 어머니들이 그러셨듯, 출근 전 정성껏 도시락을 싸주셨다. 콩이 듬뿍 들어간 잡곡밥에 햄과 소시지 한번 없던, 오직 건강한 나물과 계란말이가 전부였던 도시락은 아이들에게 인기가 없었지만 선생님께서는 '건강한 집밥'을 싸왔다고 세워놓고 박수를 쳐주기도 했던 부끄러운 도시락이기도 했다. 인도에서 매일 아침 도시락 3개를 싸는 생활을 4년간 하기 전까지는 그 일이 얼마나 감사한 일인지 깊이 생각해본 적이 없었다.

풍요 속 빈곤이라고 하는 단어가 꼭 어울리는 세상, 자연스러운 것을 멀리하고 그 무엇보다도 상업적인 것이 앞서는 세상, 그래서 일부에서는 다시 옛스러운 생활로 돌아가고자 자연을 찾고 자연 속에서 치유를 누리고자 하는 세상, 지금 우리는 그런 세상에 살고 있다.

아날로그와 디지털을 모두 경험했고, 시장에서 갓 튀겨낸 통닭을 먹던 어린 시절에서 프랜차이즈 통닭집이 난무하는 현재를 살고 있다. 어린 시절의 향수 때문일까. 아니면 가장 자연스러운 것에 자연스럽게 끌리는 것일까. 나는 여전히 아날로그의 삶을 좋아하고, 차곡차곡 천천히 쌓아가는 슬로우 라이프를 선호한다.

봄을 앞두고 있는 겨울에는 깨끗한 메주를 사서 집된장과 집간장을 만들고, 봄이 되면 봄나물을 찾아 먹고, 엄마가 캐어온 쑥으로 전도 만들고 국도 끓여 먹는다. 날이 더워지면 우리집 찬장에서는 스코비가 열일하며 새콤한 발효의 향기가 진동한다. 콤부차를 만들어 계절 과일을 넣어 2차 발효를 시키는 즐거움에 빠져들다 보면, 우메보시를 만드는 계절이 찾아온다. 소금에 잔뜩 절여두었던 황매실에 차조기 잎을 넣고 색을 입힌 후 여름 볕에 바짝 말린다. 이때 나오는 차조기 잎을 갈아 주먹밥에 활용할 재료로 보관하고, 우메초는 샐러드 드레싱이나 요리에 활용한다.

도시에서 현재를 살아가는 한, 모든 것을 완벽하게 자연 그대로 유지하는 일은 불가능하지만, 가능한 절기의 흐름에 따라 깨어나는 제철 식재료를 활용하고, 내가 살아가고 있는 이 땅에서 만들어진 식재료를 구입하려고 노력한다. 집에서 만든 된장과 간장, 고추장, 그리고 식초, 누룩을 활용해서 만든 누룩소금과 누룩

액젓과 같이 시간을 들여야 만들 수 있는 음식의 기본이 되는 양념들을 활용하여 가능한 선에서 자연 그대로를 섭취해 본다.

  시간을 들여 만든 것들은 섭취했을 때 속이 편안해진다. 내가 진행하고 있는 일상찻집 웰니스라이프클럽은 아유르베다와 동양의 절기를 바탕으로 하여 식생활과 차생활, 라이프스타일에 대한 지혜를 나누고 직접 실천해 보는 프로그램인데, 수강생분들은 한 달, 두 달, 일상 속 실천이 쌓였을 때 몸이 한층 가벼워지고 건강해짐을 느낀다고 했다.

  그래서 나는 가내수공업을 포기할 수가 없다. 아직 성장기이자 삶의 꽃을 피워내는 아이들에게는 엄마의 손맛과 건강을 더 많이 전해주고 싶고, 나는 남편과 함께 건강하게 나이 들어가고 싶다. 더불어 가내수공업의 즐거움을 더 널리 알리고 싶다. 함께 더 건강해지면, 우리가 살아가는 이 사회도 더 건강해질 테니까 말이다.

레시피
콤부차 만들기

콤부차는 스코비를 활용하여 차를 발효시킨 음료를 뜻한다. 정확한 기원은 불분명하지만 현대의 건강 음료로 많은 인기를 끌고 있다. 시중 제품을 활용하는 것도 좋지만, 여유가 된다면 스코비를 애지중지 키워보는 것도 하나의 즐거움이 된다. 실제로 수강생분이신 H의 남편분께서 스코비를 애지중지 하는 것처럼 나를 좀 아껴달라고 했다고 해서 한참 웃었다. 스코비(SCOBY)는 Symbiotic Culture Of Bacteria and Yeast의 약자로, 젖산균, 초산균과 같은 다양한 종류의 유익한 박테리아와 효모로 구성된 공생 배양체를 의미한다. 효모가 설탕을 분해하여 소량의 알코올과 이산화탄소를 만들고, 박테리아는 알코올을 먹이로 삼아 유기산으로 전환시킨다. 콤부차의 신맛은 여기서 나온다.

<콤부차 1차 발효>

재료 : 스코비 1개, 찻잎(녹차, 백차, 우롱차, 홍차, 흑차 모두 가능하다) 3g, 비정제설탕 60g, 물 600ml, 콤부차 원액 30ml

1. 뜨거운 물 200ml에 차를 5분간 우린 후 걸러내어 설탕을 넣고 잘 녹인다.
2. 1에 찬물을 넣어 35도 정도로 600ml를 만든다. 너무 차갑거나, 너무 뜨거워도 안 된다.

3. 스코비와 콤부차 원액을 넣고 천으로 입구를 막아 어둡고 따뜻한 곳에 놓아둔다. 흔들거나 만지지 말고 그대로 두는 것이 좋다.
4. 일주일 정도 발효되어 스코비가 하나 더 생성되면 1차 발효 완성!

〈콤부차 2차 발효〉

1. 1차 발효된 콤부차의 스코비를 빼고 입구가 작은 스윙 유리병에 넣는다.
2. 생과일이나 허브, 향신료 등을 추가하는데, 이때, 단맛이 없는 허브나 향신료를 넣는다면 효모가 활성화될 수 있도록 설탕을 소량 넣어준다.
3. 상온에서 3~5일간 발효시킨다. 이때, 매일 뚜껑을 열어 가스를 빼주어야 한다. 그렇지 않으면 가스가 가득 차 폭발할 수도 있다.
4. 발효가 끝나면 냉장 보관한다. 2주 정도 보관이 가능하다.

2차 발효가 끝난 콤부차는 산성이 있는 음료이기 때문에 희석해서 마시는 것을 추천한다. 원액 자체를 마셔도 문제되지는 않지만, 개인차가 있어 위장이 예민하거나 홈메이드 콤부차가 처음인 사람은 특히 희석해서 마시는 것을 권한다.

Tea도 Coffee처럼 핸드드립으로

여행을 가면 최대한 관광지보다는 생활자와 동선을 비슷하게 가져보려고 노력하는 편이다. 관광지에서 볼 수 있는 모습보다, 그 여행지 안에 있는 살아 있는 진짜 모습을 보고 경험하고 싶어서이다. 그럼에도 불구하고 전통이 살아 있고, 관광객뿐만 아니라 현지인들도 자주 찾는 도시 근교의 여행지는 꼭 한 번 가보는 편이다. 예를 들면 상하이의 수향마을인 주가각(朱家角) 같은 곳 말이다.

 상하이에는 나의 오랜 지인이 10년째 거주하고 있다. 내가 티 마스터가 되기 전, 영상 번역을 하기 전, 그러니까 갓 대학을 졸업하고 취직했을 때 맺은 인연이다. 대학교에 다니던 당시 나의 꿈은 동시통역사였다. 그래서 대학원을 준비 중이었는데, 대학교 4학년 2학기 때 아빠가 갑작스레 아프셨고, 심각한 병이었기에 대학원의 꿈을 접고 급히 취직을 하게 되었다. 아빠는 이듬해에 돌아가셨다.

그때 회사 동기였던 늘씬하고 세련된 M은 여러모로 나랑 잘 맞는 동생이었다. 회사를 그만둔 후에도 연락이 끊기지 않았고, 20년이 훌쩍 지난 지금도 이렇게 상하이에 놀러 가는 걸 보면 참 다정하고 든든한 인연이 아닐 수 없다. 나의 여행 취향을 파악한 M은 주가각은 꼭 가보자고 권했다. 나 역시 중국 고장극(중국 전통 복장과 역사적 배경을 기반으로 한 드라마)에나 나올 법한 고즈넉한 수향마을에 가서 물가에 자리 잡은 찻집에서 중국차 한 잔 하는 장면을 꿈꾸었기에 흔쾌히 동조했다.

주가각은 나의 취향에 꼭 맞는 곳이었다. 중국의 차와 약재, 과일을 활용한 기능성 음료도 마셔보았고, 당송 시대에 사용하던 연(찻잎을 갈 때 쓰는 맷돌의 일종)으로 한약재를 직접 갈아보기도 했다. 다양한 향과 향도와 관련된 아이템을 파는 곳도 있었고, 내가 좋아하는 녹두병과 같은 다식들도 가득했다. 잔잔하게 흐르는 물가 주변에는 다양한 찻집들이 즐비했는데, 전통적인 면모를 그대로 갖추고 있는 찻집부터, 모던하고 세련된, 입이 떡 벌어질 만큼 아름다운 기물과 분위기를 갖춘 찻집들도 많았다.

우리는 그중에서 전통과 현대의 어우러짐이 제법 멋스러웠던 찻집을 골라 들어갔다. 창가에 앉은 우리를 배려하여, 물가로 통하는 문도 활짝 열어주어 풍경을 감상하기에 더없이 좋았다. 두 가지 차와 다식을 주문했는데 재미있게도 백차는 개완의 간편한 형태인 쾌객배와 함께 내어주었고, 우롱차는 핸드드립으로 직접 내려주었다. 중국에서 차를 핸드드립으로 마시는 게 한창 유행이라 드립백도 판매한다는 이야기는 들었지만, 직접 눈으로 보니 재미있기도 하고 신기하기도 했다. 공도배 가득 담긴 우롱차는 계화 우롱이었는데, 계화꽃과 우롱차의 향기가 어우러져 황홀함 그 자체였다. 공도배 하나를 다 마시고 나니 다시 한 번 드립을 해서 리필까지 해주어 원없이 실컷 차를 마셨다.

 차를 마시다 보면 부서진 찻잎들이 나오기 마련이다. 그런 찻잎은 따로 모아서 핸드드립으로 마시곤 했는데, 상하이에서 남타차로 직접 경험해보니 앞으로 더 자주 활용해야겠다는 생각이 강하게 들었다. 차를 핸드드립으로 마셔도 된다는 사실을 알게 되면 얼마나 많은 사람들이 이를 즐기게 될까? 역시 사람은 배우고 경험해 봐야 한다.

레시피

핸드드립으로
차 우리는 방법

핸드드립으로 차를 우리는 방식에는 대만의 아리산 우롱이나 리산 우롱과 같은 고산차, 중국의 무이암차, 봉황단총을 추천한다. 핸드드립으로 차를 우릴 때는 온전한 찻잎을 사용하기보다는 부서진 찻잎을 이용하는 것이 적당한 농도의 차를 우릴 때 좋다. 핸드드립 자체가 목적이라면 일부러 찻잎을 조금 빻아 사용해도 좋다. 찻잎에 계화꽃, 자스민꽃, 장미꽃과 같은 꽃을 추가해서 함께 핸드드립을 하면 블렌딩티가 된다. 커피는 향기가 차보다 훨씬 진하기 때문에, 커피용 드리퍼와 차용 드리퍼를 구분해서 사용하는 것을 추천한다. 바쁠 때 머그에 바로 내려서 마시기에도 좋다.

<계화 우롱차 핸드드립 하기>

재료 : 아리산 우롱차 5g, 계화꽃 1ts

1. 아리산 우롱차와 계화꽃을 절구에 넣고 살짝 빻는다.
2. 드리퍼에 패브릭 여과지를 넣고 1을 전부 붓는다.
3. 90도의 물을 핸드드립 하듯 달팽이 모양으로 돌려 가며 400ml 추출한다.
4. 다 마신 후에는 물의 양을 조금 줄여가며 여러 번 더 추출할 수 있다.

아이와 차생활 18년

 나의 아이들은 뱃속에서부터 차를 마셨다. 본격적으로 차를 마신 건 돌이 지나고서부터인데, 매일 아침 함께 찻자리를 준비하며 하루를 시작해왔다. 지금도 아들은 어김없이 등교 전 티타임을 갖고, 기숙사 생활을 하고 있는 딸은 주말이 되면 아침에 함께 차를 마시기 위해 졸린 눈을 부비고 일어나며, 하루 종일 "엄마, 차 마시자"를 입에 달고 산다. 18년 육아를 하면서 가장 잘한 것이 있다면, 아이들과 매일 함께 차를 마신 일이라고 생각한다.

 아이들이 어릴 때는 찻잔에 차를 아주 조금 따라주고, 찬물을 부어 희석해 줬다. 잡기 편하도록 찻잔 대신 데미타스 잔을 꺼내 어주기도 했다. 아마도 그때는 차의 맛을 음미하는 것보다는, 엄마처럼 차를 마시는 행위를 한다는 사실이 아이들에게는 기쁨이 되어주었던 것 같다. 아이 전용의 작은 차도구를 구입해 주어 차를 직접 우리는 즐거움도 맛볼 수 있게 해주었다. 신기하게도 어린 시절부터 차도구를 접하게 되면, 자연스레 뜨거운 것에 조심하고, 깨질 수 있는 도자기에 신중을 기하게 되는 것 같았다. 한 번도 잔이나 기물을 깨트린 적이 없을 만큼 조심 조심, 귀하게 다루는 법을 배우면서 커왔다.

초등학교 시절까지만 해도 새벽 5시~6시면 기상했던 아이들은, 아침에 테이블에 앉아 엄마와 함께 3시간 이상을 함께 보내곤 했다. 차를 마시면서 책을 읽기도 하고, 그림을 그리기도 하고, 레고를 하기도 하고, 보드게임이나 카드게임을 하기도 했다. 청소년기가 되면서 잠이 부쩍 늘어나자 아침에 함께 할 수 있는 시간이 1시간으로 줄어들더니 30분까지도 줄어들었다. 그래도 우리는 여전히, 짧은 시간이라도 마주 앉아 함께 밥을 먹고 차를 마신다.

아이들과 차를 마신다고 하면 누구나 다 '카페인' 이야기를 묻곤 한다. 요즘 초·중고생들이 마시는 에너지 드링크에도 카페인이 가득하고, 커피에도 카페인이 있다. 심지어 어린 아이들이 먹는 초콜릿이나 초콜릿 음료에도 카페인이 있다. 사실 카페인은 잘만 이용하면 좋은 성분이다. 현대인들이 과하게 카페인을 섭취하면서 부작용이 늘어났기 때문에 부정적으로 인식이 되었을 뿐이다. 차에는 카페인뿐만 아니라 폴리페놀과 비타민을 비롯하여 여러 가지 좋은 유효성분들이 있으며, 실제로 차를 오래 마셔온 일본, 중국, 대만, 영국, 인도에서도 남녀노소 할 것 없이 모두 차를 즐기고 있다.

차에는 정신을 맑게, 각성작용을 해주는 카페인과 심신의 안정을 꾀하는 데아닌이라는 성분이 함께 들어 있다. 각성와 이완을 동시에 해주는 음료는 이 세상 어디에도 없다. 오직 차뿐이다. 나는 이런 모순점을 지닌 차가 우리의 삶과 꼭 닮아 있다는 생각을 하곤 한다. 이상과 현실 사이에서 늘 고민하는 우리 인간의 모습, 우리의 삶 자체가 모순덩이가 아니던가. 이처럼 삶을 꼭 같이 담아낸 것이 또 있을까. 차는 그야말로, 자연이 우리에게 준 선물이 아닐까 한다.

자녀들, 부모님, 반려자, 그리고 친구들. 소중한 사람들과 자연이 준 선물을 함께 나누길 바란다. 모순투성이의 삶이지만, 그것 역시 자연스러운 모습이라며 온기를 전해주는 차 한 잔의 힘이 우리의 삶을 더 평안하게 만들어준다.

정보

차와 카페인

물 다음으로 인류와 가장 오랜 시간을 함께 해온 음료인 차(茶)는 병을 치료하는 약은 아니지만 일상 속에서 꾸준히 섭취하면 신체와 마음의 건강을 유지하는 데 도움을 줄 수 있다. 하지만 모든 식물은 약성과 더불어 독성을 지니고 있기에, 지속가능한 건강한 차생활을 위해서 유의해야 할 점들이 있다. 사람마다 체질도, 건강 상태도, 개인차가 있으므로 자신의 몸과 마음을 꾸준히 살펴보는 것 또한 중요하다.

차의 카페인은 커피와 다르게 폴리페놀과 데아닌이라는 성분이 있어 카페인이 우리 몸으로 흡수되는 것을 억제시켜 주는 역할을 한다. 폴리페놀은 카페인 흡수를 줄여주고, 데아닌의 긴장 완화 작용은 카페인의 역할을 축소시켜 준다. 그렇기에 실제로 커피와 다르게, 차의 카페인이 지닌 각성작용은 부드럽게, 천천히 역할을 하게 된다. 그럼에도 차는 카페인이 들어 있는 음료이다 보니 다음 두 가지를 주의하는 것을 추천한다.

1. **빈속에 차를 섭취하지 않는다.**

    차나무의 잎을 가공해서 음료로 만든 녹차, 백차, 황차, 청차(우롱차), 홍차, 흑차는 기본적으로 카페인이 들어 있다. 차에 따라 카페인의 양은 달라지지만 카페인이 있다는 사실은 변함없다. 카페인이 들어 있는 음료를 지속적으로 빈속에 마셨을 때 위에 부담을 줄 수 있으므로, 식사를 한 후에 마시는 것을 추천한다. 물론 개인차가 있을 수 있지만, 건강할 때 건강한 습관을 유지하는 것을 추천한다.

2. **저녁 시간에는 차를 마시는 것을 자제한다.**

건강한 성인이 카페인을 완벽하게 몸 밖으로 배출시키는 데 평균 5시간이 걸린다고 한다. 밤에 커피를 사발로 마셔도 잠을 잘 자는 사람이라도, 실제로 뇌를 연구해 보면 뇌는 숙면을 취하지 못한다고 한다. 지속적으로 늦은 시간 카페인이 들어간 음료를 섭취하면, 숙면을 취하지 못해 만성피로로 이어지거나 불면증으로 이어질 수 있는 확률이 있다는 뜻이다. 카페인에 강하건 약하건, 밤에 섭취하는 습관은 피하는 것이, 지속가능한 건강한 차생활에 도움이 될 것이다.

실제로 밤샘 작업을 하느라 커피를 입에 달고 살던 대학생이, 나의 강연을 듣고 난 후 하루를 차로 시작하면서 변화된 자신의 삶에 대해 블로그에 댓글을 남긴 적이 있었다. 차 한 잔이, 그 학생분의 일상을 더 긍정적으로 변화시켜 주었길 바라본다.

시간을 들이는 일

대한민국은 자격증의 천국이다. 검증과는 상관없이 그 어떤 자격증이라도 있으면 위상이 높아지고 이력서에 쓸 한 줄이 늘어난다. 커리큘럼이나 기관과 상관없이 취직과 이력을 위해 자격증을 발급받는 일도 많다 보니, 온라인으로 테이스팅 한 번 하지 않고 티마스터, 바리스타, 와인 소믈리에 자격증을 딸 수도 있다고 한다. 장인정신보다는 빠른 속도를, 진정한 실력보다는 경제적이고 실용적인 것을 강조하는 우리 사회의 모습이 아닐까 싶어 씁쓸하기도 하지만, 또 다른 관점과 다양한 삶의 형태를 생각하면 결국 모든 것을 수용하게 된다.

현재 한국에는 티마스터, 티소믈리에 자격증은 '공인'이나 '국가' 자격증 없이 '민간' 자격증으로만 응시할 수가 있다. 내가 운영하는 일상찻집에서도 민간자격증으로 티마스터, 중국차전문가 자격증 과정을 진행하고 있다. 조금 다른 점이 있다면, 내가 생각하는 티마스터와 티소믈리에는 차를 최대한 많이 접해보고, 현장이나 교육장에서 활용할 수 있는 '마스터'를 양성하는 과정이기에 최소한 6개월, 최대 1년 과정으로 진행하고 있다는 점이다. 한 달에 한 번, 혹은 두 번의 수업을 통해 공부와 테이스팅을 병행하고 남은 시간은 차를 많이 만나보시길 권하고 있다. 수업에서 만나는 차는 한계가 있으니, 여러 가지 차를 맛보고 마셔보는 것 또한 진정한 공부가 되기 때문이다.

   사실 나는 중국차 평차사와 다예사 국가자격증을 지니고 있다. 현재 중국차 평차사와 다예사 국가 공인 자격증은 많지만, 한국에서 중국의 '국가' 자격증은 2015, 2016년도 단 두 번만 외국인이 응시할 수 있었다. 현재는 외국인이 응시할 수 없는 자격증이 되었지만, 다행히도 당시에 합격한 나는 중국의 국가자격증 명단에 올라가 있다. 한국을 대표하는 유일한 중국 국가 사범님은 조은아 선생님으로, 나의 중국차 스승님이자 친동생과도 같은 막역한 사이이다. 그래서 누가 되지 않도록 더 열심히 공부하고 끊임없이 배우려고 노력하고 있다. 교육이란 사람을, 그리고 사회를 바꾸어놓을 수 있는 책임이 막중한 일이기에, 1을 가르치기 위해 10을, 아니 100을 정확히 알아야 한다고 생각하기 때문이다.

그렇다고 민간자격증이나 다른 모든 자격증이 의미가 없다는 뜻은 결코 아니다. 모든 가르침에는 배움이 있다. 단, 어떤 자격증을 공부하든, 자격증이라는 이름에 현혹되기보다는 내실을 쌓는 데 더 집중할 수 있는 혜안을 지니길 바란다. 당장 눈앞의 것에 급급하기보다는, 차근차근 쌓아가는 삶이야말로 단단하게 그리고 또 안정적으로 삶을 꾸려나갈 수 있는 길이라는 것을, 20대, 30대를 지나 40 후반에 들어선 나이가 되어 돌아보니 더 또렷하게 보인다. 20대의 나는 교만했고, 30대의 나는 설익었고, 40대가 되어서야 비로소 조금 더 겸손해지고, 익어가고 있다는 것을 온전히 느끼고 있다.

그런 의미에서 나는 나의 50대가 참으로 기대된다는 말을 종종 한다. 느리지만 차곡차곡 쌓아온 삶이 진정 꽃을 활짝 피워내는 것은 아마도 나의 50대, 60대, 혹은 70대가 아닐까 하는 생각을 하면서 말이다. 보여지는 것이 너무도 중요한 이 세상 속에서 진정 향기로운 꽃을 피우기 위해서는, 세상만물의 이치가 그러하듯 모든 과정을 순서대로 밟아야 하는 것 같다. 그래서 나는 시간을 들이는 일이 좋다. 또 시간을 들이려는 사람들이 이곳 일상찻집을 찾아오는 것도 좋다.

정보
차 공부를 위한 책

윌리엄 우커스가 쓴 《차의 모든 것(All About Tea)》이라는 책에는 차가 중국에서 시작되어 서양으로 퍼져나간 긴 역사와 제다법과 같은 기술, 그리고 성분에 대한 차의 과학 분야에 대한 방대한 이야기가 담겨 있다. 책은 1권, 2권으로 총 1000페이지가 넘는 분량인데, 글씨가 아주 작고 빼곡하여 실제로는 그 이상의 분량이라고 생각해도 좋다. 현재 종이책은 절판된 상태이지만 온라인에서 무료로 책을 볼 수 있어 사이트를 소개한다.

육우의 《다경》 이후로 이렇게 방대한 내용을 담은 차에 대한 책은 없었다고 한다. 실제로 역사적인 참고 문헌을 모두 검증마치고 무역, 기술, 과학에 대한 부분 역시 관련 전문가의 검증을 끝낸 검증된 책이라고 볼 수 있다. 이 책을 위해 세계를 여행하고, 자료를 모으고, 원고를 집필하는데 총 25년이 걸렸다고 한다. 원고 집필만 10년이 걸렸다고 하니 정말 귀하디 귀한 자료가 아닐 수 없다.

영상번역가로 13년을 살아왔던 터라 이 책을 번역해 보려고 애썼지만 아직 반도 채 끝내지 못했다. 다만, 온라인 줌클래스로 번역한 부분에 한해 수업을 진행한 적이 있었는데 다들 흥미진진하게 들어주셔서 무척 즐거웠던 시간이었다. 클래스에서 역사를 이야기할 때에는 이 책을 기반으로 한다. 그 어떤 수업이나 자료보다 정확하기 때문이다.

《올 어바웃 티》 1권
https://archive.org/details/AllAboutTeaV1/mode/2up

《올 어바웃 티》 2권
https://archive.org/details/AllAboutTeaV2/mode/2up

가향차의 세계

지금으로부터 14년 전, 첫 번째 책인《오후 4시 홍차에 빠지다》를 출간했을 당시에만 해도 차를 사는 일이 지금처럼 쉽지 않았다. 한국에 수입되고 있는 차는 손에 꼽을 만큼이었고, 궁금한 차들은 대부분 직구를 통해 구입해야 했다. 지금처럼 구매대행이 발달한 시절도 아니었기에 차를 좋아하는 친구와 사비를 들여 공구를 진행하기도 했고, 엄청난 배송비를 들여가며 직구를 감행하기도 했다.

그 중에서 그야말로 '덕질'을 하던 티브랜드가 하나 있었는데 차세계의 고인물이라면 한 번쯤 들어봤을 법한 '실버팟'이라는 일본 티 브랜드이다. 올해 도쿄로 여행을 다녀왔던 가장 큰 이유 중의 하나는 실버팟을 방문하는 것이었는데, 그도 그럴 것이 2000년도에 생긴 브랜드이지만 오프라인 매장을 오픈한 것은 작년이 처음이었기 때문이다.

실버팟은 오직 온라인으로 매번 한정티들을 판매했다. 한정과 신상이 뭐길래. 그 때문에 발빠르게 구입해서 맛을 보는 일은 당시의 큰 즐거움이었다. 지금처럼 번역기가 발달한 것도 아니고, 구매하는 것도 쉽지 않았기에 나름의 시간과 노력을 들여야만 가능했던 일인데, 당시에 이런 수고를 함께 해주던 차 친구들이 있었기에 돌아보면 참 즐거운 추억이 아닐 수 없다.

실버팟에서 아직도 잊을 수 없는 차는 얼그레이 라인이었다. 얼그레이 초콜릿, 얼그레이 파인애플, 얼그레이 애플, 얼그레이 민트 등 얼그레이를 다양한 버전으로 해석한 실버팟의 가향차들. 블로그 시음기를 뒤져보면 실버팟으로만 152개를 남겨두었던 걸 보면, 정말 좋아했던 브랜드가 아닐 수 없다.

그래서 올해 초, 실버팟 매장에 들어설 때의 설렘을 아직도 또렷하게 기억한다. JY 야마노테선 메지로 역에서 하차하면 도보로 3분 거리에 위치하고 있는데, 딸과 함께 문을 열고 들어서는 순간 숨겨진 비밀의 공간 속으로 들어서는 듯한 기분이 들었다. 예전에 큰 챙모자를 쓰고 인도 다즐링에서 찻잎을 따던 실버팟의 대표님은 차를 정말 좋아하시던 분이었다. 지금은 그분의 따님이 업을 이어받아 매장을 운영하고 계신다. 20년 전부터 실버팟의 차를 마셨다고 이야기했더니, 실버팟을 오랜 시간 사랑해주어 고맙다고 인사를 하셨다.

  일본 티브랜드의 가향차 라인은 대부분이 인공 가향이다. 인공향인 걸 너무 잘 아는데도 인공스럽지 않은 자연스러운 향기가 실버팟의 매력이다. 물론, 가향차만 파는 것은 아니다. 품질과 등급이 좋은 인도의 차, 네팔의 차, 스리랑카의 차 등 세계적으로 유명한 스트레이트 티들도 구비하고 있으니 꼭 한 번 들러보길 바란다. 이상한 나라의 앨리스가 물약을 먹고 들어간 집이 이렇게 생겼을까, 혹은 숲속 찻자리를 나누었던 공간이 이런 느낌이었을까 싶을 만큼 신비롭고 비밀스럽고 다정한 공간. 오랫동안 사랑했던 실버팟스러운 공간이었다.

정보
도쿄에서 꼭 가봐야 할
일본 홍차 브랜드

1. **실버팟**
   Tokyo, Toshima City, Mejiro, 3 Chome－14－6 HARVEY目白 1F,
   https://www.silverpot.co.jp/shop.html

2. **루피시아 지유가오카 본점**
   본점 한정을 만나볼 수 있다.
   Tokyo, Meguro City, Jiyugaoka, 1 Chome－26－7 田中ビル 1F
   https://www.lupicia.co.jp/

3. **루피시아 다이마루**
   다이마루 한정으로 유명한 얼그레이 로망티크를 만나볼 수 있다.
   Tokyo, Chiyoda City, 1 Chome-9-1 Marunouchi

4. **티폰드**

   최근 많은 인기를 끌고 있는 티폰드는 본점은 이곳이지만, 시라카와, 아자부다이에도 분점이 생겼다.

   Tokyo, Koto City, 1 Chome-1-11 Shirakawa

   https://teapond.jp/pages/kiyosumishirakawa

5. **애프터눈티**

   애프터눈티는 차와 디저트도 좋지만 다양한 소품과 리빙소품을 만나볼 수 있는 곳이다.

   4 Chome-3-2 Jingumae, Shibuya, Tokyo 150-0001

   https://www.afternoon-tea.net/tearoom/

낭만의 도시 파리(Paris)의 티 브랜드

파리에 가야 할 이유가 한 가지 더 생겼다. 약 4년 전에 프랑스에 오픈한 콩세바투아 데미스페레(Conservatoire des Hémisphères)라는 티 브랜드를 꼭 가보고 싶어졌기 때문이다. 오픈 전 2년간 야심차게 준비해서 2021년 프랑스 파리에 오픈한 프리미엄 티 브랜드인 콩세바투아는 음악교육기관이라는 뜻을 갖고 있는데, 실제로 교육기관은 아니지만 재미있게도 차마다 어울리는 음악을 추천해 주고, 매장 내에서도 클래식 음악이 흘러나와 차와 음악의 어우러짐을 즐길 수 있게 해준다.

이 브랜드의 대표는 프랑스의 향수 브랜드 불리에서 일했던 경험을 바탕으로 티 브랜드를 시작하게 되었다고 한다. 그런 만큼 하나같이 낭만적이고 감각적인 차와 향의 조합을 선보이는데, 꽃과 향신료, 허브와 같은 부재료들과 차의 조합 역시 오감을 자극하는 아름다운 마리아쥬를 자랑한다.

나는 콩세바투아가 오픈한 이래 파리를 가본 적은 없었지만 감사하게도 다녀오신 수강생분들을 통해 몇 가지 차를 만나보게 되었다. 그중에서 가장 먼저 만나보았던 차는 Anna Pavlova로 유명한 발레리나 안나 파블로바의 이름을 따온 홍차다. 홍차를 베이스로 하여 코코넛 조각, 라즈베리, 장미꽃, 작은 머랭이 들어가 있어 시각적으로도 감탄을 불러 일으키는 차였다. 이 차에는 카미유 생상스의 동물의 사육제를 페어링하라고 권하고 있는데, 토슈즈를 신고 아름답게 움직이는 안나 파블로바의 섬세한 동작과 꼭 어울리기 때문이라고 한다. 티클래스에서 이 차를 꺼내면 다들 감탄을 내뱉는다. 묵직하고 고급스러운 금색의 빈티지한 틴케이스부터 눈길을 사로잡는데, 안에 들어 있는 화려한 블렌딩에 공간 가득 퍼지는 향기까지. 차를 우리기도 전에 다들 반해버리고 마는 것이다.

콩세바투아의 Jardins Suspendus라는 차는 행잉 가든이라는 뜻이다. 중국의 기문 홍차에 난초, 모란, 수레국화가 들어간 차로, 푸치니의 오페라 투란도트를 페어링으로 추천하고 있다. 그 이유는 투란도트가 가상의 중세 중국을 배경으로 하고 있기 때문이라고 한다. 비잔틴의 알베라는 뜻의 Albe de Byzance는 백차와 녹차를 베이스로 하여 석류와 파인애플, 키위, 파파야, 그리고 크랜

베리와 구기자를 블렌딩한 달콤한 차다. 이 차에는 볼프강 아마데우스 모차르트의 오페라 '후궁으로부터의 유괴'를 페어링으로 추천한다. 터키의 전통 악기인 드럼과 피콜로, 오보에, 바순 등 다양한 악기의 향연으로 가득 차는 시간을 선사해 준다. 바람의 장미, Roses des Vents는 백차와 녹차에 장미꽃봉오리, 장미꽃잎, 로즈힙을 블렌딩한 우아한 차다. 이 차에는 프랑수아즈 아르디의 샹송 'Mon Amie la Rose'를 페어링으로 추천한다. 장미로 시작해서 장미로 끝나는, 황홀한 티타임이 될 것이다.

차와 음악의 페어링은 동양의 차도, 서양의 차도 한없이 어울린다. 가야금 한 곡조를 틀어놓고 한국의 차를 마시거나, 고금(중국 현악기) 연주를 들으며 중국차를 마시는 것, 그리고 이처럼 클래식 음악을 배경으로 서양에서 블렌딩한 차를 한 잔 마시는 일은 테이블 위에서 우리가 즐길 수 있는 또 하나의 멋진 페어링이 되어준다. 음악, 그림, 시, 문학, 술, 책, 음식, 디저트…… 그 무엇과도 멋진 페어링을 선사해주는 차 한 잔, 오늘은 어떤 페어링을 즐겨볼까?

정보

파리에서 꼭 가봐야 할 프랑스 티 브랜드

요즘 파리에서는 싱가포르의 TWG, 일본의 루피시아, 중국대만의 버블 티 브랜드 등 동양의 많은 티 브랜드들을 만나볼 수 있다. 긴 역사를 지닌 일본의 화과자 브랜드 토라야도 파리에 입성했다. 아래에 언급한 프랑스의 브랜드는 오랜 역사를 지녔거나 최근에 인기를 끌고 있는 일부 티 브랜드에 불과하니, 파리에 갈 일이 있다면 다양하게 찾아보는 것을 추천한다.

1. **콩세바투아 데미스페레**(Conservatoire des Hémisphères)
   96 Rue du Bac, 75007 Paris(본점)
   9 Rue de Passy, 75016 Paris
   http://www.hemispheresparis.com/

2. **마리아쥬 프레르**(Mariage Frères)
   30 Rue du Bourg Tibourg, 75004 Paris(본점)
   파리 내에 지점이 굉장히 많다.
   https://www.mariagefreres.com/

3. **빨레 데 떼**(Palais des Thés)
   64 Rue Vieille du Temple, 75003 Paris
   파리 내에 지점이 굉장히 많다.
   https://www.palaisdesthes.com/

4. **쿠스미 티**(Kusmi Tea)
   Centre Commercial Gare Saint Lazare, 1 Cr de Rome, 75008 Paris
   https://www.kusmitea.com/fr/home/

5. **니나스**(Nina's Vendôme)
   29 Rue Danielle Casanova, 75001 Paris
   http://www.ninasparis.com/

6. **포숑**(Fauchon)
   Pl. de la Madeleine 11, 75008 Paris
   https://stores.fauchon.com/fr/paris-madeleine-boutique-the-et-infusions

어우러짐의 한 잔

 백차의 인기는 식을 줄 모른다. 아니, 점점 더 뜨거워지고 있는 듯하다. 2000년대 초반 백차의 효능이 세상에 드러나면서 전 세계에서 열광하며 백차를 만들고 있다. 인도, 스리랑카, 베트남, 아프리카…… 심지어 현재 한국에서도 백차를 생산하고 있다. 섬진다원, 도재명차, 조태연가, 무애산방 등 하동의 곳곳에서 서로 다른 맛과 향을 선보이며 백차를 생산하고 있다. 중국의 백차와는 또 다른 맛과 멋을 지닌 한국의 백차는 한국인의 입맛에 꼭 맞는다.

 백차는 중국에서 1년이면 차, 3년이면 약, 5년이면 보배라고 불리고 있다. 언제나 이야기하듯 차는 약은 아니지만, 그럼에도 불구하고 약성을 지니고 있는 부분이 분명히 있다. 백차는 해열과 당뇨에 좋다고 알려져 있는데, 그중에서 해열이라 함은 과하게 뭉쳐 있는 우리 신체 내부의 열을 풀어서 배출시키거나 퍼지게 해주는 역할을 의미한다. 컴퓨터와 스마트폰과 같은 전자기기에서 멀어질 수 없는 삶을 살고 있고, 스트레스를 많이 받고, 업무에서 벗어나기 힘든 현대인들이라면 누구나 눈과 머리에 열이 몰려 있을 것이다. 또한 당이 과하다 보니 소아 당뇨라든지 임산부 당뇨, 뇌의 당뇨라 불리는 치매 등, 남녀노소 할 것 없이 당과 관련된 질병들이 늘어나고 있는데, 백차는 이런 현대인들에게 꼭 맞는 차가 아닐 수 없다.

맛도 좋은데 건강에도 좋다면 마다할 리가 없지 않은가. 그래서 몸이 피곤하거나 혹은 몸이 으슬으슬하거나, 그럴 때는 오래 묵혀둔 아껴둔 백차를 꺼내어 우린다. 플라시보 현상일 수도 있겠지만 오래된 백차를 마신 날은 피로가 사라지고 한층 몸이 가뿐해진다. 이런 상황이니 백차를 사랑하지 않을 수가 없다.

얼마 전부터는 한국의 백차를 모아서 보관해 두고 있다. 시간이 지난 한국의 백차는 또 어떤 맛과 향을 선사해 줄지 궁금해서이다. 백차를 사랑하는 나로서는 한국에서 깨끗하고 안전하고 맛있는, 그리고 또 한국인의 몸에 잘 맞는 한국의 백차가 만들어지고 있다는 사실이 그저 반갑고 기쁘다.

백차는 중국에서 시작되었지만 한국에서 가장 한국스러운 모습으로 재탄생했다. 이런 시도와 노력은 한국의 차문화를 더욱 다양하게 만들고 한국의 차를 세상에 널리 알릴 수 있는 좋은 주춧돌이 되어주리라 생각한다. 짧은 시간에 완성도 높은 백차를 만들어낸 한국 차인분들이 존경스럽다.

백차, 화이트 티, 이름처럼 깨끗하고 순수한 맛과 향을 선사해주는 백차를 마실 때마다, 한국의 차에 더 많은 관심을 갖고, 한국의 차를 응원해주고, 한국의 차를 구입해서 마시고 알리는 것이야말로 한국 차문화의 전통을 만들어가고 이어갈 수 있는 길이 아닐까 하는 생각이 든다. 그리고 현재 그 주역이 되고 있는 한국의 젊은 차인들을 진심으로 응원한다. 그들이 있어 차가 더 널리, 즐겁게, 퍼져가고 있다는 것을 알기 때문이다. 젊기에 가능한 열정과 순수함, 그리고 나이듦이 있기에 가능한 지혜와 경험을 차 한 잔에 함께 녹여낼 수 있으면 좋겠다.

정보

백차
맛있게 우리는 방법

백차는 중국 푸젠성에서 만들어진 차의 형태를 말한다. 찻잎을 말리는 위조와 건조라는 가장 간단한 제다 과정을 거쳐 만드는 백차는 만들기 쉽다고 생각할 수도 있지만, 가장 만들기 까다로운 차의 형태이기도 하다. 가장 간단한 제다 과정을 거쳐 맛과 향을 최고로 이끌어내야 하기 때문에 그렇다. 중국 푸젠성뿐 아니라 윈난성과 광둥성 등지에서도 백차를 만들지만 공식적으로는 푸젠성의 백차를 백차라고 이야기한다. 하지만 취향이나 가성비 등에 따르면 다른 지역의 백차들도 충분히 훌륭하다.

백차는 오직 싹으로만 만든 백호은침과 싹과 잎을 섞어 만든 백모단, 그리고 싹이 거의 없고 잎이 주를 이루는 공미, 거의 잎으로만 이루어진 수미, 이렇게 네 가지 종류로 나누어진다. 최근에는 중국에서 구용대백이라고 하는 품종으로 백차가 만들어지고 있는데 맛과 향이 훨씬 더 풍성하고 직관적이라 세계적으로 많은 사랑을 받고 있다.

백차는 카페인이 많기도 하고 적기도 하다. 싹이 많이 함유된 백호은침과 백모단은 카페인이 높은 편이고, 잎 위주로 되어 있는 공미, 수미는 카페인이 적은 편이다. 백차를 맛있게 우리기 위한 물의 온도 역시 다양하다고 할 수 있겠다.

싹으로만 이루어진 백호은침의 경우 물의 온도를 80에서 85도 정도로 낮춰서 우렸을 때 훨씬 더 섬세하고 향긋하게 즐길 수 있다. 백모단 같은 경우는 100도의 뜨거운 물에 우리거나 혹은 조금 식힌 물에 우리거나, 혹은 더 낮은 85도의 물에 우려도 좋다. 취향에 따라 선택할 수 있다는 장점이 있다. 물의 온도에 따라 드러나는 특징이 달라지기 때문에 다양한 온도로 즐겨보는 것을 권한다. 나는 개인적으로 100도의 뜨거운 물에 우린 백모단을 좋아하지만 이는 어디까지나 취향일 수 있다. 거의 잎 위주로 되어 있는 공미와 수미는 100도의 온도를 유지해서 우리는 것이 훨씬 더 맛있다. 일반적으로 자기 개완을 사용하여 우리는 것을 권한다. 공미와 수미는 자사호로 뜨겁게 우려도 좋다.

백호은침이나 백모단을 개완에 우릴 때 4~5g의 찻잎을 넣고 120ml 전후의 물을 붓는 것을 기본으로 한다. 백호은침은 물 온도가 낮고 우러나는 데 시간이 조금 걸리기 때문에 30초, 1분, 1분 30초…… 30초 단위로 늘려가는 것을 권장하고, 백모단은 5초, 10초, 15초…… 5초 단위로 늘려가며 우려준다. 공미와 수미는 찻잎 7g에 500ml의 뜨거운 물을 워머에 올려두고 1분 단위로 우려 마시는 걸 권한다. 물을 지속적으로 채워 여러 번 반복해서 우려내도 좋다.

쓸모없음의 쓸모

딸아이는 중학교 시절부터 고등학교까지, 재활용과 재사용을 앞장서서 실천하고 있다. 딸의 관심 분야이기도 하고 몇 년간 하다 보니 자연스레 실천으로 이루어지는 모양이다. 얼마 전 같은 반 친구 어머니에게 전해 들었는데, 딸이 교실 내 재활용을 도맡아서 진행하고 분리수거를 하고 있다는 이야기였다. 봉사활동에도, 학교생활기록부에도 전혀 기록되지 않지만 누군가는 해야 할 일이라 한다며 1학년 때에도, 2학년 때에도 내내 하고 있다고 한다. 그래서 그 어머니는 집에서도 분리수거를 하면 우리 딸 생각이 나더라면서 멋진 아이라고 칭찬을 해주었다. 전혀 모르던 이야기라 놀라기도 하고 대견스럽기도 해서 딸에게 물어봤더니, 분리수거를 엉망으로 해서 제대로 재활용이 이루어지지 않는 것이 속이 상해서 자신이 하고 있다고 대수롭지 않은 듯이 대답했다.

그런 딸에게 나는 찻잎의 재사용에 대해서 자랑스럽게 이야기하곤 한다. 엄마도 재사용과 재활용을 열심히 실천하고 있노라고 말이다. 날이 더워지면 아이스티를 만드느라 바쁜 계절이 된다. 차생활을 하다 보면 자연스레 우리고 난 후의 찻잎, 그러니까 엽저가 많이 나오게 되는데, 매일 같이 나오는 엽저를 그냥 버리기엔 아깝다는 생각이 들어, 종종 모아두고 다양하게 활용을 하곤 하는 것이다.

봄에는 녹차의 엽저를 모아 녹차 솥밥을 짓는다든지, 녹차 엽저에 소금과 참기름을 넣고 무쳐서 녹차 나물로 먹는다든지 등 깨끗하고 여린 녹차 잎을 직접 먹는 방법을 택한다. 여름철에는 우리고 난 찻잎을 그대로 유리병에 담아 찬물을 붓고 냉장고에 넣어둔다. 몇 시간이 지나면 이미 차를 우려낸 엽저에서 또 한 번 차가 우러나와 달지 않고 가장 자연에 가까운 아이스티가 탄생한다.

외부 활동을 하거나 학교에서 돌아온 뒤 땀이 범벅이 된 아이들은 냉장고에 들어있는 엽저 아이스티를 꺼내어 시원하게 들이킨다. 직관적인 단맛은 없지만 녹차, 백차, 청차, 홍차로 만들어진 서로 다른 차의 풍미를 즐기게 된다. 이렇게 아이스티를 마시다 보면 달달한 아이스티보다는 차 본연의 맛에 익숙해진다.

가을이나 겨울이 되면 엽저를 모두 모아 차엽단을 만든다. 차엽단은 중국 스타일의 삶은 달걀인데 물에 달걀과 간장, 향신료, 그리고 찻잎을 넣어서 자글자글 끓여내는 것을 뜻한다. 그러면 달걀에 차와 향신료의 향기가 슬며시 배어들어 쫀쫀하고 향긋한 삶은 달걀, 그러니까 차엽단이 완성된다. 겨울에는 난로 위에서 이렇게 차엽단을 만들어두고 겨울 정취를 즐겨본다. 따뜻한 차 한 잔에 차엽단 한 알이면 든든한 다식이 되어준다.

 이미 한 번 우려내고 난 찻잎, 엽저를 활용할 때면 딸이 생각난다. 쓸모없다고 생각하는 무언가에서 쓸모를 찾아내는 것은 비단 물건의 재활용과 재사용, 엽저뿐만 아니라 우리 삶의 곳곳에서도 찾아볼 수 있지 않을까 하는 생각을 해본다. 어쩌면 세상의 그 어떤 것도 쓸모없는 것은 없지 않을까. 이미 다 쓰고 난 후의 엽저조차도 이처럼 다양한 쓰임이 있는 것처럼 이 세상의 모든 존재의 쓰임이란 반드시 어딘가에서 찾을 수 있을 것이다. 쓸모 있는 사람이 된다는 것은, 내 스스로가 그 쓰임을 찾아가는 방법도 있지만 생각지도 못한 곳에서 혹은 생각지도 못한 사람에게서 이처럼 나의 바른 쓰임을 깨닫게 되는 경우도 있는 것 같다.

레시피

우려내고 나온 찻잎,
엽저 활용법

1. **아이스티 만들기**
   어떤 찻잎으로도 가능하다. 우려낸 찻잎 4~5g을 500ml의 찬물에 담아 냉장고에 넣어둔다. 5~6시간이 지나면 찻잎을 걸러 아이스티로 마신다.

2. **녹차나물**
   한국의 여린 우전이나 세작 녹차를 추천한다. 유기농으로 만든 찻잎이면 더 좋다. 우려낸 녹차 잎을 모아 냉장고에 넣어두었다가 10g 정도가 모이면 소금 1/2ts, 참기름 1ts, 깨소금 약간을 넣어 조물조물 무쳐 먹는다. 나물 반찬으로 먹어도 좋고 밥 위에 두부나 구운 연어와 함께 얹어 한국식 오차즈케를 만들어 먹어도 좋다.

3. **차엽단**(차예단) **만들기**
   냄비에 삶은 달걀 8개가 잠기도록 물을 붓는다. 이때 껍질에 금이 가도록 깨트리면 자연스럽게 찻물이 배어든다. 홍차나 산화도가 높은 우롱차와 같은 진한 색이 나는 엽저를 15g 넣는다. 팔각 2개와 간장 2TS를 넣어 약한 불에서 끓인다. 물이 졸아들면 물을 더 부어서 끓이는데, 오래 끓일수록 흰자가 쫀쫀해진다.

4. **탈취제**

    냄새와 향향을 무척 잘 흡수하는 엽저는 그대로 그릇에 담아 냉장고나 신발장에 넣어두면 좋지 않은 냄새를 흡수하는 탈취제로도 활용이 가능하다.

5. **족욕, 반신욕**

    향이 좋은 유기농 찻잎은 족욕이나 반신욕을 할 때 담아두어 향기를 즐길 수 있다. 아로마테라피처럼 심신의 안정과 이완을 위해 활용할 수도 있고, 피부가 보들보들해짐을 느낄 수 있다.

라떼아트의 기원은 중국이다?

중국차를 마시면서 중국의 문화에 점점 스며들게 되었다. 중국어를 배우고, 중국의 역사 소설을 찾아 읽고, 40편, 70편씩 되는 중국 고장극(사극)을 본다. 손발이 오그라드는 듯한 로맨스 장면과 대사들에 점점 익숙해지면서 즐기는 단계에 들어서게 된다. 오랜 블로그 이웃님 중에 중국드라마를 취미 이상으로 번역하시는 분이 계신데, 이분 역시 차를 무척이나 좋아하시는 분이다. 차와 문화는 뗄레야 뗄 수 없는 관계인 것 같다.

중국의 드라마 중에서 지금까지 가장 재미있게 본 드라마는 보보경심과 몽화록이다. 정주행한 드라마가 늘어나고 있지만 여전히 불변의 1, 2위이다. 보보경심은 내가 좋아하는 옹정제 시대를 배경으로 하는 드라마인데, 이준기 씨와 아이유 씨를 배역으로 하여 고려를 배경으로 하는 한국판이 나올 정도로 유명했다.

또 하나 정말 재미있게 보았던 몽화록은 송나라를 배경으로 하는 드라마이다. 물론 모든 부분에서 완벽하게 송나라를 재현했다고 할 수는 없지만, 그럼에도 몇 가지 눈여겨 볼 만한 장면들이 있다. 주인공인 조반아는 항저우에서 찻집을 운영하는 찻집 주인이다. 당연히 차와 관련된 이야기들이 많이 나올 수밖에 없는 배경이다.

그래서 몽화록에서는 찻집 배경과 차도구, 차의 이름 등 차와 관련된 다양한 이야기들이 쏠쏠하게 펼쳐지는데, 특히 송나라 시대에 실제로 유행이었다고 하는 차백희를 직접 볼 수 있다. 차백희는 찻잎을 가루로 내어 찻사발에 담은 후 뜨거운 물을 부어 차선으로 거품을 낸 후, 거품을 그릇에 담아 그 위에 차시로 그림을 그리는 풍류를 뜻한다. 차백희를 직접 본 적이 있는데, 거품을 얼마나 단단하게 내는지 잘 흘러내리지 않을 정도이다. 거품에 그림을 그리는 차백희, 아마도 라떼아트의 기원은 송나라가 아닐까 싶다. 차거품 위에 그려낸 정교한 그림을 보면 혀를 내두르게 된다.

다완, 그러니까 찻사발에 찻가루를 넣고 거품을 내어 마시는 형태는 지금 일본에서 사용하고 있는 다법 중의 하나이다. 많은 사람들이 말차가 일본의 고유 문화라고 생각하지만, 알고 보면 그 시작은 중국 송나라였다. 송나라 시대의 다풍이 일본에 큰 영향을 미쳤고, 그것을 받아들여 지금까지 자신들만의 문화로 발전시켜온 것이 바로 일본의 티세레모니, 말차 문화이다.

요즘 중국에서도 당송의 다풍이 다시 유행하고 있다고 한다. 물론 우리나라에서도 레트로가 여전히 유행 중이지만, 무려 1500년 전의 다풍이 유행을 한다니 놀라운 일이 아닐 수 없다. 그 옛날의 문화를 이토록 오랜 기간 잘 기록하고 보존해 왔다는 점이 부럽기도 하고 대단하기도 하다는 생각이 든다. 글이든, 사진이든, 영상이든, 어떤 형태가 되었든 기록을 남긴다는 것은 현재를 살아가는 우리에게도, 그리고 미래를 살아갈 후대에게도, 의미 있는 일이 아닐까 싶다. 지금 우리의 차문화는 미래에 어떤 기록으로 남게 될지, 문득 궁금해지는 밤이다.

인문

중국의 차 역사

신농씨에게서 시작된 중국의 차 역사는 약용으로서 이어져 내려오다, 선종을 창시한 보리달마(Bordhi Darma, 인도의 왕자였다)에 의해 수련의 음료로써 음용되고 당나라 시대에 와서 비로소 우리가 지금 마시는 기호식품, 음료로써 자리를 잡게 된다.

당나라 시대에는 찻잎을 증기에 쪄서 절구에 찐 다음, 다식을 만들 때 사용하는 틀에 찻잎을 꾹꾹 눌러 넣은 후 가운데 구멍을 뚫어 엽전처럼 꿰어서 건조시킨 후 보관했다. 그리고 차를 마실 때에는 이러한 떡차를 불에 한 번 구워낸 후, 연이라고 하는 맷돌에 갈아 물에 넣고 함께 끓여마셨다.

송나라 시대에는 앞서 당나라 시대에 만들었던 것과 비슷한 떡차를 만들었는데, 용과 봉황의 문양을 찍어낼 수 있을 만큼 어린잎을 사용하여 곱게 만들었다. 용과 봉황과 같은 화려한 문양을 찍은 단차를 용봉단차라고 불렀다. 이렇게 만든 단차를 연에 곱게 갈아 체에 거른 후 다완에 가루를 넣고 물을 부어 차선으로 거품을 내어 마셨다.

유목민의 나라였던 원나라 시대는 명청시대로 이어지는 교량 역할을 해주었다. 차를 만들고, 우리기 위한 수많은 차도구들을 들고 이동하기 쉽지 않았기 때문에, 지금처럼 찻잎을 우려 마시는 방법을 조금씩 사용했다.

명나라 시대가 시작되고, 평민 출신이었던 황제 주원장, 그러니까 홍무제는 차를 만들기 위한 평민들의 수고를 너무나 잘 이해하고 있었기에 단차폐지령(가루차로 끓여 마시는 방식을 금지한 국가 정책)을 내린다. 그래서 지금 우리가 마시고 있는 산차, 그러니까 잎차를 우려 마시는 방법이 본격적으로 시작되었다. 명청시대에 세계 최초의 홍차 정산소종이 만들어졌으며, 지금 우리가 마시고 있는 6대 다류와 현재 우리가 사용하는 차도구들이 모두 만들어졌다.

그림, 그 안에 담긴 의미

인도에 다녀온 이후로 여가 시간이 되면 종종 인도 민화를 그린다. 땅덩이가 큰 인도는 인종도 종교도 언어도 문화도 다양하여 민화도 지역별로 그 특징이 다채롭다. 두 아이와 인도 여행을 다니면서 즐겼던 하나의 취미 생활은 그 지역의 인도 민화를 배우는 일이었다. 한국에 돌아온 후에도 머릿속을 비우고 싶을 때 펜을 집어 든다. 종종 인도 민화로 수업을 하면서 함께 힐링의 시간을 누리기도 한다. 민화가 재미있는 것은 그 나라의 역사와 종교, 신화가 어우러져 재미있는 스토리가 가득하기 때문이다. 그림 한 점을 통해서 그 나라를 더 깊게, 더 가까이 이해할 수 있다는 것이 참으로 매력적이다. 이는 비단 인도 민화에만 국한된 이야기는 물론 아니다. 한국도, 중국도, 그 어떤 나라의 그림 속에도 스토리와 역사가 담겨 있다.

어릴 때부터 그림 그리는 걸 참 좋아했다. 아주 잠깐이지만 그림으로 전공을 해볼까 고민하던 시기도 있었다. 그런 만큼 전시회에서 그림을 관람하는 것도 좋아하고 그림과 관련된 도서를 읽는 것도 참 좋아한다. 차를 마시면서 새롭게 더해진 취미는 찻잔과 그릇에 담긴 그림의 이야기들을 찾아보는 것이다. 그 안에 담긴 이야기들이 참으로 흥미롭다.

고즈넉하고 아름다운 풍경을 담은 그림도 좋지만, 얀 반 에이크나 벨라스케스에 그림처럼 이면에 숨겨진 뜻이 있는 그림을 감상하는 것도 참 좋아한다. 그런 의미에서 찻잔이나 차도구에 그려진 동양의 그림은 그 의미를 해석하는 즐거움을 선사해 준다. 흔히 알려져 있는 다산을 상징하는 석류라든지, 복을 의미하는 박쥐라든지, 불로장생과 다복을 의미하는 복숭아, 부귀영화를 상징하는 모란과 같은 그림들 말이다.

한국 민화도 별반 다르지 않다. 참 재미있게도 나는 인도 거주 시절에 인도 민화와 더불어 한국 민화를 같이 배웠는데, 한국 민화 중에서 가장 좋아하는 그림은 화병도이다. 초보자의 실력으로 쉽지 않았지만 화병도를 완성하기 위해 오랜 시간 애를 썼던 기억이 남아 있다. 그 화병도는 지금도 우리 집 거실에 걸려 있다. 화병도는 평안과 화목, 다복과 다산 그리고 부귀영화 등 길상의 의미를 한가득 가지고 있는 그림이다. 의미를 알고 보았을 때 그 그림이 더 뜻깊게, 더 귀히 여겨지는 것은 나뿐만은 아닐 것이다.

의미를 알기 전에는 그저 찻잔에 그려진 그림쯤으로 생각되지만 의미를 알고 난 후, 그 잔은 나에게 더욱 특별해진다. 찻자리를 갖거나 티클래스 할 때에도 잔에 담겨진 의미를 설명할 때면 듣는 이들이 귀를 쫑긋거리는 것이 느껴진다. 오래전부터 전해 내려오는 그림들. 간절한 소망을 담아 그려낸 그 그림이 가진 의미를 잔에 옮겨 놓았다는 것, 그리고 그 소망이 담긴 잔에 정성껏 우려낸 차를 한 잔 마신다는 것은 어쩌면 내가 그들에게, 또 내가 내 자신에게 전할 수 있는 최고의 덕담이 아닐까 싶다.

그래서 오늘도 난 특별한 의미가 담긴 각각의 찻잔을 나와 신랑, 딸과 아들의 자리에 놓아두고 우리의 평안을 바라며 차를 우려낸다.

정보

중국 잔에 그려진 그림의 의미

1. **계항배**(鷄缸盃)

   명나라 성화 시대를 대표하는 투채로 만들어진 잔이다. 투채는 유약을 바른 도자기 위에 다양한 색채를 시문하는 기법을 의미한다(유상채). 잔에 암수의 닭과 병아리, 모란문, 호수와 괴석 그리고 난초를 그려 넣어 청화와 더불어 다양한 색채가 어우러지도록 그려냈다. 이 잔은 실제로 2014년 4월 8일 홍콩 소더비 경매에서 상하이 갑부 류이첸의 손에 의해 한화 375억원에 낙찰되었다고 한다.

   후궁이었지만 절대적인 사랑과 신임을 받던 만귀비를 위해 성화제가 특별히 제작했다는 일화가 전해진다. 성화제의 유모이기도 했던 만귀비는 성화제에게 아내이자 어머니와 같은 존재였고, 그 마음을 암탉과 수탉, 그리고 병아리로서 표현한 애틋한 작품이다.

2. **삼다복**

   복숭아, 석류, 불수감 세 가지의 과일이 그려진 그림으로, 장수를 의미하는 복숭아, 다산과 다자녀를 의미하는 석류, 불수의 손을 닮았다 하여 다복을 의미하는 불수감이 그려져 있다.

3. **물고기**

   물고기는 풍요와 화합을 의미한다. 중국어로 물고기(魚, yú)와 여유(餘, yú) 발음이 같아 풍요를 기원하는 뜻을 지닐 때 사용한다.

4. **연꽃**

   연꽃은 불교의 상징과 더불어 연속한다는 단어와 발음이 같아 복이 끊이지 않는다는 뜻을 담고 있다.

5. **모란**

   부귀영화의 상징인 모란은 동양에서 널리 사랑받는 문양으로 가정의 화목과 번영, 길상의 의미로도 함께 사용된다.

6. **여의팔괘**(如意八卦)

   우주 만물의 조화와 균형을 의미하는 전통적인 팔괘에 뜻대로 순조롭게 이루어지라는 길상의 의미인 여의가 더해진 것이다.

7. **박쥐**

   박쥐의 발음이 복(福)과 발음이 같아 복을 기원하는 의미로 사용된다. 특히 박쥐 5마리가 그려진 그림은 오복을 의미하는데 장수, 부유, 건강, 덕과 천수를 의미한다.

실수와 실패가 없는 삶이란 없다

　차생활을 하다 보면 찻잔에 금이 가거나 차도구를 깨트리는 일이 가끔 있다. 아끼던 잔을 깨면 어찌나 속이 상하던지. 그런 날은 깨진 도자기가 아른거려 일이 손에 잡히지 않는다. 하지만 이런 깨진 잔들을 복원할 수 있는 방법이 있으니, 바로 킨츠기이다. 킨츠기는 깨지거나 금이 간 그릇을 버리지 않고 새로운 아름다움으로 승화시켜 다시금 사용할 수 있다는 점에서, 불완전하고 소박한 것의 미를 추구하는 일본의 와비사비(불완전함의 미학을 나타내는 일본의 문화적 전통 미의식 또는 미적 관념의 하나) 정신을 반영한다고 볼 수 있다.

　얼마 전, 밤 늦게까지 최선을 다해 열심히 노력했음에도 수학 시험을 망쳐 눈물을 흘리던 중학생 아들에게 이렇게 말했다. 이 실수와 실패를 경험 삼아 다음에 더 잘하면 된다고. 완벽한 삶이란 없다고. 더 나은 내가 되기 위한 노력과 실패가 반복되는 그 어느 시점에서인가 우리는 알게 모르게 성장하게 된다고. 곰곰이 생각하던 아들은 학원의 도움을 요청했고, 그렇게 수학 학원을 등록해서 자발적으로, 그 누구보다도 열심히 공부하고 있다. 여전히 공부가 전부는 아니라고 생각하지만, 스스로 고민하고 선택하여 방법을 찾아나가는 아이들 모습이 나는 참 대견스럽다.

아이들이 어릴 때부터 많은 시간을 함께 해왔다. 매일 아침 차를 마신 것부터 시작해서, 고등학생인 큰 아이는 지금까지도, 중2에 들어선 작은 아이는 두 달 전까지만 해도, 학원을 다니지 않고 자기주도로 집에서 공부를 해왔다. 아이들과 더 많은 시간을 보내고 싶었고, 원하지 않는다면 굳이 선행을 시키고 싶지 않았다. 내가 생각하는 성공이란 반드시 그런 길에만 있지 않다는 것을 알려주고 싶었다.

큰아이는 스스로 공부를 해서 국제고에 입학을 했다. 스스로 원해서 선택한 학교였고, 그만큼 열심히 준비했다. 중학교 3년간의 생활과 자기소개서도 그 누구의 도움 없이 홀로 해냈고, 그런 아이가 참 대견스럽고 멋졌다. 하지만 학교에 들어가 마주하게 된 현실은 냉정했고, 여기저기서 상처를 받으며 또 그 상처를 잘 토닥이고 치유해 가면서 아이는 또 성장했다. 이런 삶의 작은 여정들이 모여 자기만의 삶을 잘 꾸려나갈 수 있으리라 믿고 있다.

깨어져도, 금이 가도, 킨츠기로 수리한 잔은 가장 자기다운 모습으로 또 다른 쓰임새가 되는 것처럼 말이다.

나는 아이들이 자기주도적인 삶을 살길 원한다. 아이들을 믿어주되 언제나 의지할 수 있는 부모가 되어준다는 것은 결코 쉬운 일은 아니지만, 노력한다면 못할 일도 아니라고 생각한다. 크고 작은 일들을 함께 고민하고, 아이들이 주도적으로 선택할 수 있게 해주는 것. 학생이 아니라면 언제 그런 연습을 해볼 수 있을까. 스스로 선택도 만들어보고, 책임도 져보고, 실패와 실수도 경험해보는 일은 바로 지금이 가장 적기라고 생각한다.

그 시절에는 마치 대입이 삶의 모든 것처럼 느껴지지만, 지나고 보면 또 삶의 여정 중의 하나에 불과하지 않았던가. 대학을 졸업하고 그길로 지속해서 가는 사람도 있지만, 전혀 다른 일에서 새로운 즐거움을 찾는 사람도 있고, 대학을 가지 않아도 스스로 성공한 삶이라고 할 수 있는 삶을 살아가는 사람도 있다. 삶의 형태는 상상을 초월할 만큼 다양하다는 것을 지금 내가 하는 일을 통해서 느끼고 있다. 스페인어과를 졸업하고 영상번역을 하던 내가, 이렇게 오랜 기간 차를 사랑하며 차를 가르치게 될 줄 누가 알았던가. 그리고 이 일을 통해서 만나는 다양한 사람들의 다양한 인생 이야기를 들으면서, 나는 언제나 우물 안에 살고 있다는 것과, 세상은 넓고, 다채로운 삶이 펼쳐지고 있다는 것을 다시금 깨닫는다.

  성공한 삶이란 누군가가 나에게 해주는 말이 아니라, 내가 내 자신에게 해줄 수 있는 말이라고 생각한다. 모든 시선과 평가를 타인이 아닌 내 자신에게로 거두어들이고 내가 스스로 행복할 수 있는, 내가 스스로 원하는 일을, 내가 스스로 찾아가는 그런 삶을 살아갈 수 있으면 좋겠다. 그런 삶을 살아가는 모습을 보여주는 것, 그리고 그런 삶을 살아갈 수 있도록 이끌어주는 것이 부모로서 내가 할 수 있는 일이 아닐까 싶다.

인문

도자기 복원

킨츠기란 일본의 도자기 수리 기법으로 금이 가거나 깨진 도자기를 옻칠로 복원한 후 금가루 등으로 아름답게 장식해서 마무리하는 것을 뜻한다. 킨츠기를 제대로 이해하고 싶어 직접 깨진 찻잔을 들고 가서 배운 적이 있었는데 오랜 시간이 걸리는 정교하고도 인내심을 요구하는 작업이었다. 섬세한 손길로 조심스레 옻칠을 하여 깨지거나 금이 간 부분을 채워넣는 것부터, 습도를 조절하여 온전하게 말리는 일, 몇 번의 덧칠을 통해 완벽을 기하는 시간, 그리고 마지막 장식을 위한 작업까지.

중국에서는 깨진 도자기를 모아서 다시 잇는다는 의미의 쥐츠(锔瓷)라는 단어를 사용한다. 쥐츠는 킨츠기와 달리 깨진 부분을 접착제로 붙이거나 철사, 금속, 스테이플러 등을 이용하여 고정하면서 실용적으로 사용할 수 있도록 만든다. 일본의 킨츠기가 다시 태어난 아름다움에 중심을 둔다면, 중국의 쥐츠는 실용성과 내구성에 중심을 둔다.

이와 달리 서양에서는 집안에서도, 레스토랑에서도, 이가 나가거나 금이 간 접시를 그냥 사용하기도 한다. 하지만 한국에서는 금이 가거나 이가 나간 접시를 사용하면 대접을 받지 못한다는 의미로 해석하기도 하고, 종종 기분 상해하기도 한다. 완벽하지 못한 기물을 대하는 우리의 태도가, 교육과 사람, 삶을 대하는 태도와 같지 않길 바라본다.

<킨츠기를 할 수 있는 곳>

www.instagram.com/atelierbom
포슬린&글라스 아트 페인터이자 킨츠기 작업을 하시는 작가님. 포도맘으로 활동하던 블로거 시절부터 나를 지켜봐 왔다고 하시며 인연이 닿아 찻잔을 맡기게 되었다. 아직 뵌 적은 없지만 피드만 보아도 마음이 통하는 느낌적인 느낌이 든다.

www.instagram.com/hohwadang
호화당. 내가 아끼던 그릇을 다시 쓰일 수 있는 존재로 재탄생시켰던 곳이다. 이곳에서 보낸 시간과, 선생님과 나눈 시간을 잊을 수 없다. 나의 기물을 다시금 복원하고 싶다면 추천하고 싶은 곳이다.

변하는 것과 변하지 않는 것

  누군가 내게 차를 마시기 시작했다고 하면, 한국의 차 여행을 꼭 추천한다. 좋아하는 것들을 한 번에 즐길 수 있는 차 여행은 나에게 있어 진정한 치유와 회복의 시간이 되어준다. 인도에 거주하던 시절에는 차밭 풍경을 보기 위해 차로 7~8시간 거리에 있는 닐기리로 훌쩍 떠나곤 했고, 지금은 한국에서 차가 있는 하동이나 보성, 강진이나 장흥, 제주 등지로 떠나곤 한다.

  여행을 참 좋아하는 나는 인도에 거주하던 시절에는 인도 전역, 방방곡곡으로 아이들과 여행을 떠났고 한국에 돌아온 이후로는 아이들과 매년 겨울철 한달살이로 제주를 만끽했다. 아이들이 학업에 몰두하기 시작한 고등학교가 시작되자 그마저도 이제 쉽지 않아졌지만, 지금도 가끔 계획 없이 초록이 가득한 한국의 차 여행지로 떠나곤 한다.

훌쩍 떠난다는 것은 MBTI로 치면 P에 가까운 성향이지만, 나는 지독히도 J의 사람이다. 그래서 여행만큼은 계획 없이, 무심한 듯 그렇게 떠나서 잠시 잠깐 현실의 나로부터 이탈해 보는 시간을 즐겨본다. 나는 관광 여행보다는 생활 여행을 좋아한다. 그래서 제주에 여행을 가도 늘 한적함을 만끽하고 돌아온다. 인스타그램이나 유튜브에서 핫한 플레이스는 특별한 이유가 있지 않고서는 왠만하면 목록에 넣지 않는다. 오직 자연과 한가로움을 즐기기 위한 시간이기 때문에, 최대한 제주에 거주하고 있는 사람들처럼, 그렇게 한적한 곳을 오간다.

한국의 차 여행을 선호하는 이유도 비슷하다. 한국의 차 산지이든 차를 만드는 곳이든, 자연의 푸르름은 가득하고, 생각보다 한적한 곳들이 많다. 사람마다 여행 스타일이 다르고 여행 취향도 다르지만, 나처럼 한적함과 자연 속 치유의 장소를 찾고 있다면 한국의 차가 있는 곳들이 최고다.

아이들 손을 꼭 붙들고 누비던 하동, 보성, 강진, 제주도. 요즘은 나 홀로, 혹은 신랑과 둘이 떠나는 일이 잦아졌다. 이제는 예전과 달리, 함께 여행을 가자고 하면 학교와 학업 스케줄부터 확인해보는 나이가 되었기 때문이다. 그 옛날, 아이들과 함께 여행을 가는 일이 마냥 신나고 편하기만 했다면 그건 또 아니지만 함께 가지 못하는 날이 많아지니 이제는 또 그것대로 서운하고 아쉽다. 이래서 사람은 어리석다고 하는가 보다. 후회하고 아쉬워하기 보다, 그 시절과 그 시간에 누릴 수 있는 것에 더 집중하고 누린다면 매 순간을 더욱 충만하게 꽉 채워서 살 수 있을 테니까 말이다.

그래서 요즘은 신랑과 단둘이 떠나는 여행이나, 나 홀로 떠나는 여행에 집중하고 있다. 상황은 늘 변하지만, 우리의 마음은 언제나 변함없을 테니 말이다. 아이들이 조금 더 커서 이제 더 이상 부모가 아닌 친구와 연인과 여행을 다닐지언정, 그 언젠가 또 우리를 기억해 주고 함께하는 시간이 돌아오겠지. 혹시 아니라 해도 그만이다. 그저 매 순간 주어진 상황에 최선을 다해 살아간다면 그것만으로도 충분하니까. 모든 것은 변하지만, 또 변하지 않는다.

정보
전국 차문화 축제

1. **문경 찻사발축제**

   매년 4월~5월 경에 열리는 문경 찻사발축제는 2025년에 21회를 맞이했다. 볼거리도 풍성하고 장작가마로 만든 다양한 찻사발과 찻그릇을 구경하는 재미가 쏠쏠하다. 문경의 아름다운 자연환경을 감상하기에도 더없이 좋다. 작가님들께서 직접 격불해 주시는 맛 좋은 말차도 만끽할 수 있고 중국과 일본 도자기 전시도 흥미로운 관람 거리이다.

2. **하동 야생차문화축제**

   매년 5월경에 진행하는 하동 야생차문화축제에서는 하동의 다양한 다원에서 만들어지는 백차, 녹차, 홍차, 우롱차, 후발효차를 포함하여 다양한 대용차들도 한 자리에서 만나볼 수 있다. 축제 때가 아니더라도 하동의 다원을 방문하면 언제든 차를 마셔볼 수 있는 다실이 마련되어 있어 한국차의 진짜 매력에 빠져볼 수 있다.

3. **보성 다향 대축제**

   매년 5월경에 보성에서 진행되는 차 축제로 녹차를 중심으로 하는 재미있는 행사가 열린다. 차 만들기, 찻잎 따기, 그린티테라피, 떡차 만들기 등 다양한 체험 프로그램들이 알차게 준비되어 있어 가족 단위로도 추천한다.

4. **차공예박람회**(서울, 대구, 부산)
지역별로 상이한 날짜로 진행되는 차공예박람회는 서울은 SETEC에서, 대구는 EXCO에서, 부산은 BEXCO에서 각각 진행된다. 한국의 다양한 차와 차도구, 차 소품들을 한 자리에서 만나볼 수 있다.

5. **차문화대전**
6월경 서울 코엑스에서 진행되는 차문화대전은 가장 큰 차문화행사 중의 하나이다. 한국차뿐만 아니라 중국차, 대만차 등 해외의 차와 한국의 다양한 도자기 작가님들의 작품을 한 자리에서 만나볼 수 있다. 차와 관련된 모든 것을 다루는 행사이다.

6. **이천도자기축제**
경기도 이천시 이천도자예술마을에서 진행되는 도자기 문화 행사이다. 전통과 현재를 아우르는 다채로운 도자기 작품들을 한 자리에서 감상할 수 있다. 차도구뿐만 아니라 다양한 종류의 생활도자기, 그릇, 화병 등을 만나볼 수 있어 즐거움이 쏠쏠하다.

7. **김해 분청도자기축제**
경남 김해에서 진행되는 김해 분청도자기축제는 분청의 전통 기법을 유지하면서 현재의 새로운 해석이 더해진 다양한 작품들을 감상해볼 수 있는 자리이다.

8. **카페쇼**

한국과 전 세계의 다양한 티브랜드가 한 자리에 모이는 카페쇼는 10~11월경 코엑스에서 진행된다. 카페쇼라는 이름답게 커피 부스들이 굉장히 많이 참가하기 때문에 사람들이 어마어마하게 많지만, 차 부스도 구경할 만한 곳이 가득하다.

마음이 전부다

나는 차생활을 20년 가까이 해오며 편견 없이 차를 마시는 편이다. 중국차를 꽤 자주 마시기는 하지만, 한국의 각 지역에서 만들어진 차들도 무척 좋아하고, 영국이나 프랑스, 인도, 심지어 일본의 티브랜드에서 만든 다양한 가향차나 블렌딩차도 즐긴다. 한살림에서 판매하는 우엉차나 돼지감자차와 같은 대용차도 좋아하고, 상선암의 설중매, 설국화와 같은 꽃차도 즐겨 마신다.

다양한 차를 즐긴다는 것은 다채로운 즐거움을 맛보는 것과 같다. 생전 처음 만나는 차에서 생전 처음 경험하는 맛과 향을 느꼈을 때의 희열이란. 나는 삶의 모든 부분에 있어 가능하다면 다양한 형태의 경험을 즐기려고 하는 편이다. 취향이 굳어진다는 것은 어떤 의미에서는 자유로이 차 마시는 것을 즐기지 못한다는 뜻이 되는 것 같다.

어릴 때부터 지금까지 매일 좋은 차를 선별해서 마신 아이들은 차를 기가 막히게 잘 구분해 낸다. 가끔 품질이 조금 떨어지거나 아주 일반적인 차를 우려내면, '이게 뭐야?'라는 듯한 표정으로 나를 바라본다. 아무리 차를 취향으로 마신다고 해도 등급이 좋은 차와 그렇지 않은 차를 마셨을 때의 그 차이는 누구나 구분해 낼 수 있다. 좋은 찻집에 가서 마신 차 한 잔과, 마트에서 파는 티백 녹차와의 차이는 당연히 있지 않겠는가.

그럼에도 등급이 반드시 모든 것을 의미한다고 생각하지는 않는다. 마트에서 산 티백조차도, 정성껏 온 마음으로 우려내어 귀한 잔에 내어드리면, 감탄하면서 차를 마시는 모습을 수없이 보았기 때문이다. 여행길 우연히 들른 기대하지도 않았던 찻집에서, 초록의 산 풍경이 가득한 창밖을 바라보며 마신 보이차 한 잔이 잊을 수 없을 만큼 감동스러웠던 기억도 있다.

등급도, 가격도 아니라면, 그렇다면 중요한 것은 무엇일까? 어쩌면 진짜 중요한 것은 마음이 아닐까 하는 생각을 해본다. 원효대사께서 해골 물을 맛있게 드신 것처럼, 차를 정성껏 길러내어 채엽하고, 만들어내고, 정성껏 포장하고, 그리고 온 마음을 다해 차를 우려내는 그 마음까지. 누구 하나의 마음이 아니라, 그 모든 마음이 모여, 좋은 차 한 잔을 만들어내는 것이 아닐까.

그래서 차를 우려낼 때에는 그 앞선 마음에 누가 되지 않도록 정성을 다해 우려내고 또 감사한 마음을 듬뿍 담아 마신다. 마트에서 파는 저렴한 티백이든, 귀한 값을 주고 사온 저 멀리 다즐링에서 날아온 차든, 페트병에 들어 있는 오곡차든 상관없이 말이다. 길거리에서 '티마스터'라는 자부심으로 매일의 짜이를 끓여내는 인도의 짜이왈라가 끓여내는 짜이 한 잔도 허투루 마시지 않으려고 노력한다.

   이 글을 쓰는 지금, 차를 한 잔 우려내면서 아이들에게 말한다. "이 차를 마시기까지 고생해주신 많은 사람들과, 바쁜 와중에 차를 우려준 엄마에게도, 감사하는 마음으로 마시자." 두 아이는 모두 입을 모아 이야기한다. "감사합니다." 그 마음 하나면 됐다.

정보

차의 등급

1. **서양차의 등급**

    서양에서는 채엽 기준에 따라 등급을 나눈다. 품질의 좋고 나쁨보다는, 등급을 나눔으로써 찻잎을 관리하기 위해서이다.

    아직 펼쳐지지 않은 싹을 FOP(Flowery Orange Pekoe), 첫 번째 잎을 OP(Orange Pekoe), 두 번째 잎을 P(Pekoe), 세 번째 잎을 PS(Pekoe Souchong), 네 번째 잎을 S(Souchong), 다섯 번째 잎을 C(Congou), 여섯 번째 잎을 B(Bohea)라고 한다.

    그 중에서 FOP, 그러니까 싹은 함량에 따라 등급을 나누는데, FOP보다 싹의 함량이 높으면 GFOP(Golden), 그보다 더 높으면 TGFOP(Tippy), 더 높으면 FTGFOP(Finest), 더 높으면 SFTGFOP(Super) 그리고 그 중에서도 특히 좋은 차를 SFTGFOP1이라고 부른다. 이런 등급의 차는 다원차(single estate tea)에서 종종 만나볼 수 있다.

2. 한국차의 분류

한국은 채엽 시기를 기준으로 차를 분류한다. 등급이라고 하기도 하지만 분류가 조금 더 명확한 표현이라고 생각한다. 가장 처음 채엽한 차를 가장 귀하고 좋은 품질로 생각하기 때문에 보통 가장 높은 가격에 거래가 된다.

우전: 일반적으로 그 해의 가장 처음, 절기 상 곡우(穀雨) 이전에 채엽하여 만든 차를 뜻한다. 여리고 섬세한 향기가 특징이다.
세작: 일반적으로 절기 상 곡우와 입하 사이에 채엽하여 만든, 그 해의 두 번째 차를 의미한다.
중작: 보통 입하 이후에 채엽하여 만든 차를 의미한다.
대작: 중작 이후에 채엽하여 만든 차를 의미한다.

중국차는 상업적으로 고급, 특급, 노차 등 다양한 이름으로 불리고 있으나 사실 공식적으로는 이름 안에 등급이 포함되어 있기에 따로 등급을 표기하는 경우는 거의 없다. 시중에서 차를 구입할 때에는 특급으로 갈수록 등급이 높아지고 당연히 그 맛과 향도 더 좋아진다. 그럼에도 불구하고 드러나는 등급의 이름보다는 차의 내실에 더 집중하는 것을 추천한다.

일상이 된다는 것

비가 오는 날은 어김없이 정산소종이 생각난다. 차를 처음 시작하던 그 옛날이나 지금이나 변함없이 말이다. 마음까지 촉촉하게 적셔주는 빗방울 소리를 들으며 송연향 가득한 정산소종을 우려내면서 창밖의 비내리는 풍경을 감상해 본다. 입이 심심하면 인도의 디저트인 소안 파프디를 꺼내본다. 카다멈 향기가 가득한 소안 파프디는 개인적으로 참 좋아하는, 입에서 살살 녹는 인도의 디저트인데 정산소종과 독특한 풍미가 제법 잘 어울린다.

차를 마시다 보면 자연스레 어울리는 것을 꺼내게 되는 공식이 몇 개 생긴다. 샐러드를 만들면 백차나 녹차를 곁들이고, 버터를 태워 만든 휘낭시에에는 당연하게도 봉황단총을 꺼내어 우린다. 초밥이나 회에는 일본의 센차를 곁들이고, 김밥에는 대만 우롱차를, 피자와 치킨과 같이 기름진 음식에는 육보차를 우린다.

훈제오리나 훈제연어, 혹은 독일식 소시지를 먹을 때는 서양 브랜드의 정산소종, 그러니까 랍상소총을 우려내는데, 진한 훈연향이 음식과 꼭 어울린다. 겨울밤이면 아쌈이나 전홍을 진하게 우려 위스키를 한두 방울 떨어트려 마시고, 식후에는 무이암차를 마셔 입안과 속을 깔끔하고 개운하게 만들어주고, 치즈케이크나 브라우니를 구우면 다즐링을 우려내어 함께 즐긴다.

차가 일상이 되었다는 것을 이런 순간에 깨닫게 된다. 맛있는 음식을 만들거나, 베이킹을 하거나, 혹은 비가 오거나, 계절이 바뀌거나, 이런 순간들을 차로서 가늠한다. 일부러 생각하려 하지 않아도 저절로 생각나는 차로 계절의 흐름을 느끼고, 기분의 변화를 느낀다.

모닝 루틴부터 저녁 루틴까지, 요즘은 루틴이라는 단어를 참 많이 듣게 된다. 루틴이란 반복적으로, 주기적으로 행하는 행위를 뜻하는데, 보통 자기계발이나 학습, 혹은 건강을 위한 목표를 잡고 루틴에 도전하게 된다. 루틴이 습관으로 자리를 잡는데는 최소한 100일이 필요하다고 하는데, 이는 아마 사람마다 서로 다른 것 같다. 상황과, 의지도 무시할 수 없는 부분이니까 말이다.

나는 루틴이 습관으로 자리를 잡는데에는 최소 1년이라는 시간이 필요하다고 생각한다. 그리고 습관으로 자리를 잡은 무엇인가가 나의 일상을 이루어 삶의 일부가 되는데에는 3년의 시간이 더 필요하다고 본다.

  그렇게 무언가 루틴에서 습관으로, 습관에서 일상으로, 그리고 나의 삶으로 자리를 잡았을 때 비로소 변화가 이루어진다. 좋은 습관을 만들고 싶다거나, 긍정적인 변화를 꾀하고 싶다면, 답은 결국 꾸준함에 있다. 아침에 일어나면 생각 없이 양치를 하러 화장실로 들어가는 것과 같이 자연스레 삶의 일부를 구성하는 무언가를 만들어내는 것은 절대적으로 위대한 일이다.

  나의 일상에 어떤 위대한 행위를 집어넣을지는 온전히 나에게 달려 있다. 20년간 나에게 그것이 '차'였다면, 앞으로 20년은 또 무엇으로 채울 수 있을까.

인문

녹차와 홍차

세상에서 가장 오래된 차의 형태는 녹차라고 할 수 있지만, 현재 세상에서 가장 많이 소비되고 있는 차의 형태는 홍차이다. 정산소종은 차의 세계화에 더욱 박차를 가했던, 세계 최초의 홍차로 알려져 있다. 명청 교체기에 군인들이 쳐들어오자 만들던 차를 버리고 산으로 도망갔다가 돌아온 차농들이 어떻게든 먹고 살기 위해 찻잎을 건조시켜 보았고, 우연히 이를 맛보게 된 유럽인들의 취향을 저격하게 되어 탄생했다는 일화가 전해져 내려온다. 정산소종을 만들던 무이산 주변에 소나무가 많았고, 소나무를 땔감으로 사용했기에 정산소종에서 느껴지는 연기와 같은 향기를 '송연향'이라고 표현한다.

커피하우스가 인기였던 영국에서도, 밍밍한 녹차보다는 진한 맛의 홍차가 훨씬 더 맛이 좋았으리라. 우연히 정산소종을 맛보게 된 그레이 백작은 차상에게 이와 같은 차를 만들어달라고 요청하게 된다. 이 차상은 현재 영국의 티 브랜드인 트와이닝스(Twinings)의 선조로 알려져 있다. 그는 중국에 수소문을 해서 정산소종에 대해 알아내게 되는데, 이 홍차에서 용안이라는 과일의 향기가 난다는 이야기를 듣는다. 당시에는 사진술이 발달하지 않았기에, 용안이라는 과일과 가장 비슷한 과일을 찾아낸 것이 다름 아닌 베르가못이었다. 베르가못은 지중해에서 나는 감귤류의 과일인데, 차상은 중국 홍차에 베르가못의 향기를 더하여 그레이 백작에게 가져다 준다. 차의 맛을 본 그레이 백작은 무척이나 마음에 들어 했고, 자신의 이름을 붙일 수 있도록 허락해 준다. 이렇게 얼그레이가 탄생하게 되었다.

전형적인 얼그레이는 중국의 홍차를 베이스로 하여 베르가못의 향기를 더하지만, 워낙 많은 사람들에게 사랑을 받고 있는 차이다 보니 다양한 버전이 존재한다. 전혀 다른 맛과 향을 지녔음에도 역사적으로 깊은 공통 분모가 있는 정산소종과 얼그레이는 나의 최애 홍차들이다.

나에게 집중하기

프리랜서로 13년, 1인 사업가로 17년. 교집합을 생각하면 거의 25년 가까이 혼자 업을 꾸려왔다. 지금 하고 있는 차를 가르치는 일은 17년째 계속하고 있는데, 그 사이 위기와 절망의 순간이 없었다면 그건 거짓말일 것이다. 게다가 중간에 4년간 인도에 다녀오면서, 한국과는 접점이 많이 멀어진 시점도 있었고, 두 아이를 양가 부모님의 도움 없이 키워내며 일을 하고 있다 보니 살아가는 것이 쉽지만은 않다.

지금도 블로그나 인스타그램과 같은 SNS를 통해서 꾸준히 모객을 하고 나의 살아가는 여정들을 기록하고 있는데, 지금 블로그의 글은 차곡차곡 쌓여 6,500개가 있고, 블로그 방문객은 1,000만명을 앞두고 있으며 인스타그램은 흔히들 말하는 1만 팔로워는 안 되지만 게시물은 1만개가 넘는 꾸준한 기록가로 살아가고 있다.

SNS를 하다 보면 주변에서 전략과 비법에 대한 많은 이야기를 하는데 귀를 쫑긋거린 적이 없다면 거짓말이다. 왠지 지금보다 더 빨리, 더 높이 달려가야 할 것 같은 마음에 흔들릴 때도 분명히 있었다. 다른 사람의 방식을 따라해볼까, 알고리즘을 배워볼까, 고민해본 적도 있었다. 모두들 그 비법을 향해서 숨가쁘게 달려가는 듯했기 때문이다.

하지만 결국 나의 자리로 돌아오게 되었던 것은, 그런 생각을 하면 할수록 나의 색깔은 옅어지고 길을 잃어가는 기분이 들었기 때문이다. 무엇을 위해 이 일을 시작하게 되었는지에 대해 생각해 보면 답은 하나였다.

성장의 방향은 바깥이 아닌 안에 있다고 믿는다. 나라는 뿌리가 단단해질 때 가지는 저절로 뻗어나가게 되니까 말이다. 나의 생각, 나의 경험, 나의 속도를 존중하면서 꾸준히 기록을 쌓아가는 것. 때로는 느리고 답답해 보일지라도 그것이 가장 나다운 모습으로 가장 멀리 갈 수 있는 길이라는 것을 이제는 너무나 잘 안다.

가장 나답게, 꾸준하게, 기록을 남기고 행동으로 옮겼을 때 비로소 나의 무언가가 움직이는 것을 느낀다. 이렇게 출강을 해달라고 나를 찾아주고, 그리고 분당에서 하고 있는 티클래스도 꾸준히 모객이 되는 것은 나다운 꾸준한 기록이 있기 때문이라고 생각한다.

  살다보면 누구나 막막함을 느끼고 흔들릴 수 있다. 하지만 기억하자. 결국 답은 내 안에 있다.

정보
나만의 다회 열기

세상에는 정말 다양한 생각과, 행동과, 가치관을 지닌 사람들이 존재한다. 그 속에서 가장 나답게 살아가는 것이야말로 내 삶을 충만하게 누릴 수 있는 길이라고 생각한다.

일상찻집에 티클래스를 들으러 오시는 분들은 대부분 느리게, 천천히, 그리고 깊이 공부하는 것을 좋아하시는 분들이다. 그렇다 보니 몇 년을 공부하셔도 "제가 어떻게 다회를 열어요"라고 하시는 분들이 대다수이다. 충분히 능력이 되고, 차 공부도 오래 하셔서 단순히 다회가 아니라 교육을 해도 되는 분들이신데 말이다. 하지만 스스로가 아니라고 하면 아닌 것이다. 사람마다 그 때는 다르니까 말이다.

그럼에도 불구하고 내가 팽주가 되어 누군가와 함께 차를 마시는 '다회'는 이야기가 다르다. 누구나, 나만의 색을 입혀 충분히 찻자리를 열 수 있다. 차를 품평하기 위한 자리도, 차를 교육하기 위한 자리도 아니다. 그야말로 차를 매개체로 함께 모여 이야기를 나누는 자리이기 때문이다.

누군가 다회를 처음 시작하고자 한다면 한국의 차를 추천한다. 언제나 그렇듯 한국의 차는 가장 믿을 만하고, 가장 깨끗하고, 가장 건강한 차다. 여전히 한국에서 차가 만들어지는 것을 모르는 사람들이 있다. 그들에게 한국의 차를 소개해도 좋고, 함께 마시고 싶은 차를 나누어 마시자고 해도 좋다. 인스타그램, 혹은 오픈채팅을 통해 새로운 사람들과 만날 수도 있고, 차를 모르는 친구들에게 차를 소개해도 좋다. 시작이 어렵지 한 번 해보면 잘했다는 생각이 들 것이다.

일상찻집에서도 일상찻자리라는 이름으로 차모임을 진행하고 있는데, 각자 가져온 차와 음식으로 찻자리를 꾸며 차담과 관계를 쌓아가고 있다. 가장 편안하고 느긋한 다회 중의 하나이다.

1. **다회의 주제와 차 정하기**
   계절, 좋아하는 것, 소개하고 싶은 차 등을 주제로 정하면 다회 분위기를 결정하기가 쉽다.

2. **인원수를 정해서 초대/모집하기**
   친구, 가족, 지인, 혹은 SNS를 통해 교류하던 사람들을 초대하거나 모집한다. 팽주가 차를 모두 준비할 수도 있지만, 나누고 싶은 차를 가져와도 좋다.

3. **다구 준비하기**

    반드시 예쁘거나 비싼 차도구가 있어야 하는 것은 아니다. 유리 차도구 하나로도 충분히 분위기 있게 차를 우려낼 수 있다. 가장 편안하고, 부담되지 않는 선에서 티포트와 찻잔을 준비해보자.

4. **간단한 다식, 티푸드 준비하기**

    차를 마시다 보면 속이 허해진다. 간단하게 집에서 만든 주먹밥도 좋고, 동네 맛집에서 사온 빵도 좋다. 견과류나 초콜릿, 치즈도 좋은 다식이 되어준다. 부담스럽지 않게 준비해보자.

5. **꽃, 플레이트, 네임택, 소품 등 테이블세팅을 위한 아이템 정해보기**

    티매트, 꽃, 접시 등으로도 분위기를 상승시킬 수 있다. 참가자의 이름을 적은 네임택은 내가 자주 사용하는 소품인데, 반응이 참 좋다. 혹은 오늘의 차 메뉴를 프린트해서 홈스토랑 분위기를 내도 좋다.

작은 나눔과 여유의 시간으로 삶을 더 향기롭게 만들어보자.

크리스탈 싱잉볼

삶을 살아가는 기간이 길면 길어질수록 세상에 절대적인 것은 없다는 것을 깨닫게 된다. 인도에 거주하던 시절, 요가를 배우면서 처음으로 싱잉볼을 접하게 되었다. 금, 은, 수은, 구리, 철, 주석과 같은 여러 가지 금속을 합금하여 만든 싱잉볼은 각각 7개의 행성과, 7개의 차크라를 의미한다고 알려져 있다. 싱잉볼을 치거나 러빙했을 때 울리는 소리의 음은 각각 차크라와 연결이 되는데, 이는 몸과 마음을 치유하는 힘을 지니고 있다.

처음 싱잉볼을 접했을 때는 요가를 마치고 잔뜩 땀을 뺀 후 사바아사나(누워 있는 자세) 자세로 휴식을 취하고 있을 때였다. 눈을 감고 호흡에 집중하고 있을 때 온몸을 울리는 묵직하고 깊은 싱잉볼의 소리를 들었다. 깊은 심연으로 나를 끌어들이는 듯한 공명음에 푹 빠져들었고 어느새 깊은 잠에 빠져들었다. 깨어난 후에는 온몸이 가뿐하고 상쾌하여 마치 숙면을 취하고 일어난 듯한 기분이었다. 놀랍고 신선한 경험을 접한 후에 싱잉볼의 세계에 빠져들게 되었다.

싱잉볼은 크게 금속으로 만들어진 티벳 싱잉볼과, 정화의 에너지로 가득하다는 크리스탈 싱잉볼로 나누어진다. 사실 처음에는, 금속의 싱잉볼과는 달리 조금 더 고음의 쨍하고 맑은 공명을 전해주는 크리스탈 싱잉볼은 나와 맞지 않는 듯했다. 싱잉볼은 역시 금속이 최고라며, 내 생애에 크리스탈 싱잉볼을 만날 일은 다시는 없으리라고 장담했다.

그리고 한국으로 돌아온 후 우연한 기회에 크리스탈 싱잉볼을 다시금 접하게 되었는데, 누군가의 연주 영상에서 큰 끌림을 얻게 되었고, 평소 같았으면 절대로 신청하지 않았을 3일간의 집중 코스를 신청하고 있는 나의 모습을 보게 되었다. 그리고 이곳에서 나는 크리스탈 싱잉볼과, 싱잉볼처럼 맑고 투명한 안젤라 선생님과 깊은 만남을 갖게 되었다.

금속으로 이루어진 티벳 싱잉볼은 안정을 추구하는 아래쪽의 차크라와 조금 더 깊은 연관이 되어 있다. 인도에서 한창 요가를 배우던 나는, 요가수트라의 두 번째 구절에 나오는 'yogah citta-vṛtti-nirodhaḥ' 그러니까 잔잔한 물결 같은 마음 상태가 아니었던 것이다. 저 구절이 의미하는 것은 돌을 던져도, 나뭇잎이 떨어져도, 물결에 파동이 일지 않는 마음 상태를 의미한다. 사람의 마음에 어찌 요동이 없을 수 있겠냐만은 그 요동을 다스리려는 노력을 했을 때에 비로소 내 삶의 질이 올라가고 주변 사람들과의 관계도 더욱 탄탄해질 수밖에 없다. 인도에서 4년간 꾸준히 요가와 명상을 수행하면서 평온한 마음을 유지하며 살아간다는 것이 삶을 얼마나 풍요롭게 만들어주는지 직접 경험을 통해 깨닫게 되었다.

　완벽하다는 뜻은 아니지만, 아마도 그런 평안과 안정을 깨닫고 난 후의 나에게는 크리스탈 싱잉볼의 에너지가 필요했던 것 같다. 가장 강력한 치유의 에너지를 가졌다고 하는 크리스탈로 만든 싱잉볼은, 우리의 부정적인 에너지를 모두 비워내고, 긍정적인 에너지로 다시금 우리를 채워준다. 지금도 거실에는 크리스탈 싱잉볼이 자리를 잡고 있다. 연주를 통해 나를 비우고 채우는 과정을 끊임없이 반복해 본다. 오늘도 내 자신에게, 그리고 내가 만나는 이들에게 선한 에너지를 전해줄 수 있으면 좋겠다.

레시피

밀크티(짜이) 만들기

1. **기본 짜이 만들기**

   재료 : 아쌈ctc 5g, 우유/비건우유 200ml, 설탕 10g, 소금 약간

   1) 밀크팬에 우유, 아쌈, 설탕, 소금을 넣고 바글바글 끓인다.
   2) 우유 거품이 올라오면 불에서 밀크팬을 떼었다가 다시 바글바글 끓이기를 4번 반복한다.
   3) 스트레이너(거름망)에 걸러 마신다.

2. **생강 짜이 만들기**

   재료 : 아쌈ctc 5g, 우유/비건우유 200ml, 생강청 1ts, 다진생강 1ts

   1) 밀크팬에 우유, 아쌈과 생강청, 다진 생강을 넣고 바글바글 끓인다.
   2) 우유 거품이 올라오면 불에서 밀크팬을 떼었다가 다시 바글바글 끓이기를 4번 반복한다.
   3) 스트레이너에 걸러 마신다.

3. **마살라 짜이 만들기**

   재료 : 아쌈ctc 5g, 우유/비건우유 200ml, 향신료(시나몬, 카다멈, 정향 등), 시나몬 파우더, 설탕 10g, 소금 약간

   1) 밀크팬에 우유, 아쌈과 향신료, 설탕, 소금을 넣고 바글바글 끓인다.
   2) 우유 거품이 올라오면 불에서 밀크팬을 떼었다가 다시 바글바글 끓이기

를 4번 반복한다.

3) 스트레이너에 거른 후 시나몬 파우더를 뿌려준다.

4. **티시럽 만들기**

   재료 : 물 300ml, 티백 10개(찻잎 20g), 설탕 150g

   1) 냄비에 물을 넣고 끓으면 찻잎을 넣은 후 약불로 줄여 5분간 우려낸다.
   2) 찻잎을 걸러서 빼낸 후 설탕을 넣어 중약불로 졸인다. 결정이 생길 수 있으니 저어주지 않는다.
   3) 10~20분 원하는 농도로 줄어들 때까지 끓이다 불을 끄고 소독한 유리병에 담아 식힌 후에 냉장 보관한다. 한달간 보관이 가능하다.

   *이때 차는 가장 무난하게 얼그레이나 트와이닝스의 레이디그레이를 추천하지만, 다른 차도 가능하다. 다즐링, 아쌈, 닐기리, 스리랑카 홍차, 기문 등의 차와 서양의 가향차들도 모두 가능하다. 찬물에 타서 아이스티로 즐길 수도 있고 우유에 타서 아이스 밀크티로 즐겨도 좋다.

5. **냉침 밀크티 만들기**(보틀 밀크티)

   재료 : 찻잎 5g, 물 100ml, 우유/비건우유 200ml, 설탕 2ts

   1) 뜨거운 물에 찻잎을 넣고 3분간 우려낸다.
   2) 단맛을 원하면 설탕을 넣어 녹인다.
   3) 300ml 유리병에 찻잎, 우려낸 차를 넣고 우유로 채워 냉장고에 6시간 이상 넣어둔다.
   4) 스트레이너에 걸러 마셔도 좋고, 깔끔하게 마시기를 원하면 다시백에 찻잎을 넣어 다음 날 다시백만 꺼내어 보틀 밀크티로 즐기면 된다.

   *마리아쥬프레르의 프렌치브렉퍼스트, 압끼빠산드의 바나나 홍차 등 재미있는 가향차들로 시도하면 색다른 밀크티를 즐길 수 있다.
   *설탕은 비정제 설탕을 추천한다. 설탕 양은 취향껏 조절한다.

차와 책

아이들이 어릴 때 제주도에서 한달살이를 하며 제주도의 독립서점을 함께 돌아다녔다. 책을 좋아하기도 했지만, 아이들에게도 책과 가까이 하는 삶을 전해주고 싶었고, 거실은 TV 대신 큰 테이블과 책장으로 가득한 북카페 콘셉트로 늘 꾸며두었다. 그 영향 때문인지 몰라도 아이들은 여전히 책을 좋아하고, 아침 가족 찻자리에는 늘 책을 한 권씩 들고 앉는다.

티마스터로 일을 하고 있지만 작가로서도 꾸준히 출간을 하다 보니, 도서관에서 출강 요청이 종종 들어온다. 책을 좋아하기도 하고 지역별 도서관을 다니며 구경하는 즐거움을 알게 되어 도서관 출강은 어느 지역에서 연락이 와도 흔쾌히 진행하는 편이다. 나를 불러주는 전국 도서관에 내가 쓴 책이 구비되어 있다는 사실 또한 굉장히 감사한 일이다.

의도치 않게 경기도에 위치한 도서관들을 제법 다녔는데, 다닐 때마다 정말 놀라웠던 건 대부분의 도서관이 굉장히 자연친화적이라는 사실이었다. 공원 안에 위치한 도서관이라든지, 강연실 창밖으로 살랑이는 나무들이 가득한 초록초록한 도서관이라든지, 혹은 주변이 온통 녹음으로 가득한데 루프탑에서 책과 음식을 즐길 수 있는 공간이 마련된 도서관이라든지, 자연과 책을 함께 즐길 수 있는 도서관에서 진행하는 차 수업은 그야말로 힐링 그 자체였다.

분당의 일상찻집을 찾아오시는 분들은 차를 진지하게 배워보고 싶거나, 전문적으로 공부하고 싶으신 분들이 대부분이라면 도서관에서 만나는 분들은 이제 막 차에 관심을 갖기 시작했거나, 혹은 차를 전혀 모르시는 분들이 대부분이다. 게다가 지역이 다양하다 보니 내 공간에서는 만날 수 없는 새로운 분들에게 차를 전할 수 있다는 즐거움이 있다.

도서관이나 기업체 강연에서는 일상에서 차생활을 즐기는 방법에 대한 이야기를 주로 하는데, 계절에 맞게 다양한 차를 소개하고 함께 마셔보기도 한다. 그중에서 특히 많이들 좋아하셨던 차 중의 하나가 바로 유자병차인데, 유자병차는 유자의 속을 파낸 후 차로 채워 넣은 후 잘 묶어, 유자 향기가 찻잎에 입혀지도록 여러 번 쪄낸 후에 건조시켜 만든 차이다. 보통 한국의 발효차인 홍차를 넣는다. 마실 때는 단단한 유자와 찻잎을 함께 깨서 우려 마시는데, 차에 배어든 유자의 향기가 기가 막히다.

청귤에 흑차나 백차를 넣은 중국의 소청감이 있다면 한국에는 유자병차가 있다. 유자라는 지극히 한국적인 재료에, 한국의 차를 넣어 블렌딩한 유자병차는 가장 한국적인 블렌딩 티가 아닌가 싶다. 물론 차 본연의 맛과 향도 충분히 좋지만, 가끔은 토속적인 재료로 변주를 주어 차와의 어우러짐과 감기 예방이라는 기능을 더해주는 이런 블렌딩차는 차를 전혀 모르는 사람들이 더욱 친근하고 또 쉽게 차에 접근할 수 있게 해주는 요소가 되어준다. 동글동글 귀여운 유자병차의 모양새만 보아도, 호기심과 즐거움이 가득해지니 말이다.

도서관 출강이 가장 많은 가을이 다가온다. 책과 차 이야기와 한국의 유자병차가 함께 하는 고즈넉한 힐링 티클래스, 모두의 일상에 여유 한 잔을 전할 수 있으면 좋겠다.

정보
유자병차 구입처

유자병차는 따뜻하게 마시면 환절기 감기 예방을 위해서도 좋지만 여름철에는 시원하게 아이스티로 즐겨도 좋다. 아이스티로 즐기면 유자의 상큼한 향기에 몸도 마음도 상쾌해진다.

1. **앵강마켓**

   남해에 위치하고 있는 재미있는 가게. 남해의 깨끗한 바다식재료와 전통 식품들을 소개하고 있다. 이곳의 앵강다원에서 여러 가지 차를 만들어 판매하는데, 그 중의 하나가 유자병차이다. 남해 토종 유자로 만들었는데 그 향이 기가 막히다.

   https://smartstore.naver.com/ainriver

2. **한밭제다**

   유자 속에 돌배, 모과, 홍차를 넣어 만든 한밭제다의 유자병차는 은은한 유자향이 일품이다. 유자병차뿐만 아니라 녹차, 백차, 홍차 등 다양한 차를 만들고 있는 하동의 다원이다.

   https://smartstore.naver.com/aa781878

3. **황아차**

햇볕과 바람에 직접 말린 황아차의 유자병차는 손으로 누르면 바스스 바스라진다. 유자와 홍차의 향기가 하나가 된 듯한 황아차의 유자병차는 꼭 한 번 맛보길 추천한다. 황아차 역시 유자병차 뿐만 아니라 녹차, 홍차 등 다양한 차를 판매하고 있는 하동의 다원이다.
https://smartstore.naver.com/teaofmorningcalm

세계의 차와 미식

일상찻집의 티마스터 자격증반 과정 중에서 특히 감탄사가 많이 나오는 수업은 '세계의 차'를 만나는 시간이다. 세계 여행과 다양한 경험을 좋아하는 나 역시도 이 수업을 무척 좋아하는데, 그 이유는 매번 새로운 나라의 새로운 차들을 만나볼 수 있을뿐더러, 차 한 잔을 통해 그 나라의 차밭과, 차문화에 대해 함께 이야기를 나누며 상상해 보는 즐거움을 누릴 수 있기 때문이다. 사실 제 3세계의 차들은 구하기가 마냥 쉽지만은 않아서, 수업 시간이 아니고서는 마음 놓고 차를 마시지 못한다는 단점이 있기 때문이기도 하다.

그래서 신랑이 출장을 가는 기회를 적극 활용하는 편인데, 서당개도 삼 년이면 풍월을 읊는다고, 이제 출장길에 차를 사오는 솜씨가 제법 늘었다. 사실 가방도, 화장품도, 액세서리도 아닌, 오직 '차'만 사오면 되니 신랑 입장에서도 좋은 일이 아니겠는가. 지난번 인도네시아 출장에서도 영상통화까지 하면서 차를 구입해 왔는데, 마음에 쏙 드는 차들을 데려와서 아주 만족스러웠다. 이번에 튀르키예에서도 전형적인 튀르키예 홍차를 데려와 주어 튀르키예 전통 티포트인 차이단륵에 잘 우려 마시고 있는 중이다.

전 세계적으로 여전히 빠르고 진하게 우러나는 찻잎의 수요와 판매가 훨씬 많지만 고급 시장도 활짝 열린 것은 틀림없는 사실이다. 10여 년 전만 해도, 세계의 차 수업을 진행하면 온전한 호울 리프보다는 팬닝스나 더스트와 같은 자잘한 잎을 위주로 사용할 수밖에 없었는데, 그도 그럴 것이 고급 시장에서 만들어지는 차의 양은 굉장히 한정적이었기 때문이다.

하지만 요즘에는 고급 시장이 더 많이 활성화되면서, 온전한 찻잎뿐만 아니라 싹을 많이 함유하고 있는 골든 팁스의 홍차나 아예 싹만으로 만든 실버 팁스의 백차들, 그리고 커피의 싱글 오리진이나 위스키의 싱글 몰트처럼, 단일 차농장 떼루아의 특징을 살려서 만든 싱글 에스테이트의 차들이 속속 만들어지고 있다.

티마스터의 취향과 목적에 맞도록 블렌딩된 차도 좋지만 단일 농장의 토양, 지형, 기후와 품종의 특징을 또렷하게 느낄 수 있도록 만들어진 싱글 에스테이트의 차들은 그 맛과 향이 한층 더 섬세할 수밖에 없다.

 중국에서도 다양한 종류의 차가 매 순간 빠른 속도로 확장되고 있고, 기존의 인도나 스리랑카와 같은 지역에서도 다즐링뿐만 아니라, 아쌈과 닐기리, 그리고 스리랑카 전 지역에서도 단일 차 농장의 차들을 점점 더 많이 생산하고 있다. 그리고 이런 차들은 일종의 고급차로 분류가 되어 차에 있어 하이엔드급 미식의 세계를 경험하게 해준다.

 단순히 맛있는 차의 개념을 뛰어넘어 미각의 다채로운 경험과 오감 충족의 즐거움, 그 나라의 문화에 대한 간접 경험, 그리고 차와 나의 교감까지 즐길 수 있는 지적이고 감각적인 여정을 한 잔의 차를 통해 모두 누릴 수 있는 것이다. 내 삶을 더 풍요롭게 만들어줄 수 있는 차와 미식의 여정, 조용히 시작해보길 권한다. 빠져들지 않고는 못 배길 것이다.

정보

초보자를 위한
차 구입처 추천

요즘은 워낙 다양한 직구 라인이 발달해 있어 세계 곳곳에서 차를 구입할 수 있지만, 초보자들이 가장 안심하고 구입해서 마실 수 있는 차는 정식 수입 통관이 된 차라고 할 수 있다. 정식 수입을 기반으로 하고 있는 수입처들을 소개해 본다.

1. **차칸차코리아**
   한국에서 쉽게 만나보기 힘든 케냐의 싱글오리진의 차를 다루고 있는 곳.
   https://smartstore.naver.com/chakancha

2. **랑카티스**
   스리랑카의 차생산지 7지역의 다원차를 만나볼 수 있는 곳. 인스타그램으로 문의하거나 주문하면 된다.
   https://www.instagram.com/iresha750222

3. **티에리스**

    인도 다즐링과 네팔의 다원차, 싱글 에스테이트를 시즌별로 만나볼 수 있는 곳. 마포에 오프라인 라운지가 있다.

    https://tieris.com/

4. **예평**

    중국의 푸젠성 백차를 만나볼 수 있는 곳. 백차 외에도 홍차, 보이차, 우롱차를 다루고 있다. 이태원 찻집의 도심 풍경이 멋진 곳이다.

    https://www.yepyeong.com/

5. **차세상**

    유산차방의 대만차들을 만날 수 있는 정식 수입처. 제주에 가면 차세상의 티코스에 꼭 가보길 권한다.

    https://smartstore.naver.com/chasesang

무한대의 가능성

어릴 때부터 파란색을 참 좋아했다. 그래서 지금도 색깔 있는 옷은 대부분이 푸른색 계열이다. 참 재미있게도 딸아이 역시 어린 시절 분홍색보다는 파란색을 좋아하는 아이였는데, 지금까지도 파란색, 그리고 보라색을 참 좋아한다. 그래서 무언가를 새로 구입할 때면 우리는 늘 비슷한 색을 고르곤 한다.

독일 드레스덴의 츠빙거 궁전(Zwinger Palace)과 베를린의 샤를로텐부르크 궁전(Charlottenburg Palace)은 도자기가 빼곡하게 전시되어 있는 도자기의 방이 있는 것으로 유명하다. 아우구스트 황제는 도자기에 집착하여 중국과 일본에서 수많은 도자기를 사들이다가, 연금술사였던 뵈트거와 물리학자이던 치른하우스를 후원하여 유럽 최초로 중국의 도자기처럼 단단하면서도 얇고 투명한 경질 자기를 만들어낸다. 이것이 바로 지금 우리가 알고 있는 마이센 도자기의 시작이었다. 그래서 츠빙거 궁전에는 중국과 일본의 도자기뿐만 아니라 마이센 초기 작품들도 함께 전시되어 있다. 샤를로텐부르크 궁전의 도자기 방은 프리드리히 1세의 왕비였던 샤를로테를 위한 방이었으며, 귀한 동양의 도자기로 가득 채워져 부와 예술 감각을 한껏 자랑할 수 있던 곳이었다.

방대한 양의 도자기로 채워진 도자기의 방에서 빼놓을 수 없는 것이 있다면 그건 바로 청화백자이다. 청화백자는 도자기 위에 코발트 안료를 이용하여 푸른색 그림을 그린 후 투명 유약을 시유하여 구워낸 자기를 뜻한다. 그 시작은 메소포타미아와 중동이지만 중국 원나라 시대에 전해져 독자적으로 발전하게 되었으며 전 세계로 퍼져나가 지금까지도 널리 사랑을 받고 있다.

나 역시도 청화백자에 대한 사랑이 남다른데 개완도, 차호도, 찻잔도, 동서양의 기물을 막론하고 청화백자를 몇 점씩 소장하고 있지만, 청화백자가 보이면 또 다시 눈길을 주게 된다. 청화백자를 보면 왠지 모르게 마음이 편안해지는 기분이 들어 찻자리와 꼭 어울린다는 생각을 하게 된다. 파란색을 좋아해서 그런가 싶기도 하지만 실제로 파란색은 컬러테라피에 있어서도 안정과 신뢰를 주는 색으로 알려져 있다. 물론 식욕을 떨어트린다거나, 차갑게 느껴진다는 등의 부정적인 의미도 있지만 말이다. 차가운 느낌의 청화백자에 따뜻한 차를 담아내는 것은, 어쩌면 가장 중용에 가까운 균형 잡힌 상태라고 이야기한다면 너무 억지스러울까.

아무튼 도자기 방을 만들었다는 왕들의 심정이 이해가 가지 않는 것도 아니다. 도자기 방이 별도로 없음에도 이토록 많은 도자기를 업고 살고 있는 사람도 있으니까 말이다. 사람의 욕심은 끝이 없는 것일까 하는 생각을 하다가, 문득 사람은 정말 다방면으로 무한대의 가능성을 가진 존재란 생각을 해본다. 청화백자라는 단어 하나로도 서로 다른 수천, 수만 가지의 작품을 만들어내는 사람의 상상력과 창의력은 정말이지 무궁무진하지 않은가.

차를 통해 만나게 되는 다양한 분야의 사람들과 교류하면서 느낀 점은, 무한대의 잠재력을 가진 사람들이 모이면 더욱 놀랍고도 재미있는 일들이 시작되기도 한다는 점이다. 집단 지성의 힘이라고도 하는 커뮤니티가 방향성과 목적과 열정을 갖고 함께 움직였을 때의 시너지는 이루 말할 수가 없다. 비로소 껍질을 깨야만 새로운 세상으로 나아간다는 말은 진부하리만큼 많이 들어보았지만, 실제로 그 일을 행하는 사람은 몇이나 될까. 혼자의 힘으로는 힘들었던 무언가를 만들어가기에 지금보다 더 적합한 때가 또 있을까.

정확한 시기를 알 수 없지만 꽤 오래 전에 만들어졌다는 청화백자의 차호에 차를 우려내며, 무한한 가능성을 지닌 인간으로서 최소한의 선한 영향력이나마 전달할 수 있는 삶을 살아야겠다고 다짐해 본다. 모아둔 청화백자가 또 다른 가능성의 씨앗이 되어 줄 수도 있겠지.

인문

경덕진은 무엇인가?

중국 도자기를 이야기할 때 빼놓을 수 없는 것이 바로 경덕진(징더전, 景德镇)이다. 경덕진이 도대체 뭐길래 다들 경덕진, 경덕진 하느냐는 질문을 참 많이 받는다. 경덕진은 다름 아닌 도자기를 만드는 '도요'가 있는 도시의 이름이다. 중국의 장시성에 위치하고 있다. 한국으로 치자면 경기도에 위치한 도자기 마을, 이천 도자기의 이천이 경덕진에 해당하는 것이다. 중국을 대표하는 도자기 도시인 경덕진은 오랫동안 황실용 자기를 생산하던 관요가 있던 곳이다.

그렇다면 경덕진의 도자기는 모두 다 비싼가? 꼭 그렇지만은 않다. 이천 도자기에서 판매하는 도자기도 작가님에 따라, 혹은 어떻게 만들었는지에 따라 가격이 천차만별로 달라진다. 경덕진도 마찬가지이다. 문화적, 예술적 가치가 높은 작품이라면 어마어마한 가격에 거래가 되기도 하지만, 특별한 작가님의 전수공 작품이 아닌, 대량으로 생산된 차도구나 그릇이라면 가격 또한 합리적이다.

경덕진 외에 푸젠성에 위치하고 있는 덕화(더화, 德化) 지역의 도자기도 유명한데, 경덕진보다 더 합리적인 가격에 품질 좋은 차도구를 구입할 수 있다. 따뜻한 상아빛을 띄고 있는 백자를 생산하고 있는데, 푸젠성의 차를 우리기에도 좋아서 중국 여행을 가면 덕화요의 차도구를 구입해오곤 한다.

자사호를 만드는 중국 장쑤성의 의흥(이싱, 宜興)이나 광둥성의 조주(차오저우, 潮州) 역시 도자기를 생산하는 지역이다.

차는 종합 예술이다

매년 그해의 신차를 구하게 되면 어김없이 다회를 연다. 한국은 어김없이 봄에 신차들이 나오지만, 나라마다 신차가 나오는 시기라든지, 가장 품질이 뛰어나다고 하는 퀄리티 시즌이 조금씩 달라지기 때문에 연중 내내 신차 다회를 연다고 해도 과언이 아니다. 아무튼, 시기를 막론하고 갓 만들어진 신선한 신차에 대한 기대는 동서고금을 막론하고 여전하다.

돛을 달고 해풍을 이용해 움직였던 쾌속 범선, 티 클리퍼(Tea Clipper)의 시대에 유럽에서는 중국에서 갓 만들어진 신선한 차를 맛보기 위해 배가 들어온다는 소식이 들리면 앞다투어 항구로 나갔다. 1초라도 더 빨리 도착한 배의 찻값이 훨씬 더 비쌌기에, 빠르게 달릴 수 있는 형태의 범선을 앞다투어 만들며 경쟁했다. 이를 티 레이스(Tea race)라고 불렀다.

그 중에서도 1866년에 있었던 위대한 티 레이스(The Great Tea Race)는 특히 잘 알려져 있다. 아리엘과 태평, 세리카, 파이어리 크로스, 타이칭 5척의 배가 선두 경쟁을 펼쳤고, 마침내 태평이 아리엘보다 28분 먼저 정박하여 극적으로 선두를 탈환했다. 이처럼 신선한 차에 대한 열망은 예나 지금이나 변함없는 것 같다.

하지만 이처럼 신선도라든지, 물이라든지, 등급이라든지, 유명세라든지, 어느 하나에 지나치게 집착하는 일은 오히려 차의 풍미를 해치는 일이 되기도 한다. 차는 여러모로 종합 예술에 가까운 존재이다. 찻잎, 물, 차도구, 사람 등 한 잔의 차를 우려내는 데 있어 수많은 요소들이 작용한다. 그뿐만이 아니다, 차의 보관 정도, 물의 뜨거움 정도, 물줄기의 사용 정도, 날씨 정도 등 수십 가지 요소들이 한 잔의 차의 맛을 결정하게 된다.

그렇기에 차생활을 하면 할수록 대자연의 위대한 교향곡 앞에 고개를 숙이게 된다. 이 모든 것을 내가 제어할 수는 없지만, 겸허히 받아들이며, 최대한 아름다운 조화를 이룰 수 있도록 찻자리를 지휘해 보는 것이다. 지휘자에 따라 곡의 해석이 달라지고, 그에 따라 완전히 다른 음악이 연주되듯이, 차를 우리는 나의 의도에 따라 찻자리의 분위기와, 차의 맛이 달라진다. 찻자리에 함께 하는 관객들은 때론 지휘자의 의도를 알아채기도 하고, 그렇지 못하기도 한다. 찻자리가 마음에 들기도 하지만, 그렇지 않을 수도 있다.

하지만 뭐든 괜찮다. 이것은 결코 옳고 그름이 아니기 때문이다. 한 가지 차로 수많은 복합적인 해석이 가능하고 수많은 다양한 경험이 가능하다는 것은 결국 우리의 인생과 다를 바가 없다는 뜻이다.

차는, 찻자리는, 차생활은 점점 더 다채로워지고 있다. 10대의 아이들과 40대의 엄마, 아빠, 그리고 70대의 할머니까지. 한 자리에 함께 모여 즐길 수 있는 음료가 있다면, 그것은 오직 차가 아닐까 싶다. 차 한 잔을 앞에 둔 찻자리가, 세대를 아울러 나와, 당신과, 우리가 함께 만들어가는 종합 예술의 장이 된다면 이보다 더 뜻깊고 행복한 일은 없으리라.

정보

차의 보관

차를 보관할 때는 직사광선, 냄새, 습기를 피해 보관하는 것이 가장 좋다. 요리를 자주 해서 냄새가 배이기 쉬운 곳이나, 뜨거운 직사광선이 내리쬐는 곳을 피해서 보관하는 것을 권한다. 도자기 통에 보관하는 것이 제일 좋다고 하지만 현실적으로 쉽지 않다 보니, 틴케이스나 밀봉된 은박 봉투도 추천한다. 나는 밀봉된 은박 봉투에 담긴 차를 차의 종류별로 구분하여 깨끗한 박스에 담아, 거실과 안방 사이에 있는 수납함에 보관하고 있다. 박스는 장마철 습기를 막아 주는데 가장 큰 도움이 되어준다.

녹차는 대표적으로 신선함이 중요한 차다. 묵혀서 마시는 경우도 있지만 보통 1년 안에 소비하는 걸 권장하는데, 그때 가장 신선한 녹차다운 풍미를 즐길 수 있기 때문이다. 그 이상 보관할 때에는 따로 차 냉장고를 마련하여 보관하면 신선도를 더 길게 유지할 수 있다.

백차 중에서도 백호은침과 백모단은 신선할 때 향기를 더욱 즐길 수 있지만 시간이 지나면 약성이 높아진다는 장점이 있다. 특히 공미와 수미는 오래 보관하면서 즐겨도 좋은 차다.

청차 중에서도 산화도가 낮아 녹차와 비슷한 색을 띠는 청차는 신선함과 향기를 즐기는 것이 좋다. 산화도가 높은 무이암차나 봉황단총, 탄배철관음 같은 청차는 갓 만들어졌을 때도 좋지만 시간을 두고 즐겨도 좋은 차다. 홍배의 향이 빠지고 난 후의 또 다른 풍미를 즐길 수 있다.

홍차는, 지역을 불문하고 갓 생산되었을 때의 신선한 풍미를 분명히 느낄 수 있다. 유럽의 티 브랜드에서 만든 블렌딩 티와 가향차들도 막 생산되었을 때 훨씬 더 신선하고 짙은 향기를 즐길 수 있다. 시간이 지나면 맛과 향이 변질되는 부분은 어쩔 수가 없다.

흑차는 막 만들었을 때 즐겨도 좋지만 시간을 두고 보관하면서 후발효시켜 마시면 더욱 복합적인 풍미를 즐길 수 있는 차이다. 대표적으로 보이숙차가 그렇다. 생차 역시도 시간이 지나면 지날수록 복합적인 풍미가 드러나는데, 숙차와는 또 다른 매력이 있다.

매일 아침 차를 마십니다

초판 1쇄 발행 | 2025년 9월 30일
초판 2쇄 발행 | 2025년 11월 28일

글·사진	이유진
펴낸이	이정하
표지그림	정미나
디자인	원스프

펴낸곳	스토리닷
주소	서울시 서초구 방배동 593-3, 301호
전화	010-8936-6618
팩스	0505-116-6618
ISBN	979-11-88613-59-5(03810)

홈페이지	blog.naver.com/storydot
인스타그램	@storydot
전자우편	storydot@naver.com
출판등록	2013. 09. 12 제2013-000162

ⓒ 이유진, 2025

이 책에 실린 내용 일부나 전부를 다른 곳에 쓰려면
반드시 저작권자와 스토리닷 모두한테서 동의를 받아야 합니다.

스토리닷은 독자 여러분과 함께합니다.
책에 대한 의견이나 출간에 관심 있으신 분은 언제라도 연락주세요.
반갑게 맞이하겠습니다.